高速公路智能高清
视频监控技术与应用

吴建波　陆　峰
王砚萍　魏晓葵　等 编著

人民交通出版社股份有限公司
China Communications Press Co.,Ltd.

内容提要

本书介绍了高速公路高清视频监控的关键技术,并就存在的部分问题进行了剖析,提出了解决方法和思路。

全书共分为 7 章:在对高清视频监控技术进行总体介绍的基础上,分章节详细阐述了视频监控中的关键技术及视频传输、视频压缩和存储、摄像机的布设等技术,之后进一步讲述了高清视频的应用和质量分析内容。

本书可作为高速公路视频监控建设相关工程技术人员的参考书,亦可供有关技术人员借鉴。

图书在版编目(CIP)数据

高速公路智能高清视频监控技术与应用 / 吴建波等编著 . -- 北京:人民交通出版社股份有限公司,2014.10

ISBN 978-7-114-12626-0

Ⅰ. ①高… Ⅱ. ①吴… Ⅲ. ①高速公路—视频系统—监视控制 Ⅳ. ① U491.1

中国版本图书馆 CIP 数据核字(2015)第 274703 号

书　　名:高速公路智能高清视频监控技术与应用
著　作　者:吴建波　陆峰　王砚萍　魏晓葵　等
责任编辑:杜　琛
出版发行:人民交通出版社股份有限公司
地　　址:(100011)北京市朝阳区安定门外外馆斜街 3 号
网　　址:http://www.ccpress.com.cn
销售电话:(010)59757973
总　经　销:人民交通出版社股份有限公司发行部
经　　销:各地新华书店
印　　刷:北京市密东印刷有限公司
开　　本:720×960　1/16
印　　张:6.25
字　　数:103 千
版　　次:2014 年 10 月　第 1 版
印　　次:2014 年 10 月　第 1 次印刷
书　　号:ISBN 978-7-114-12626-0
定　　价:29.00 元

(有印刷、装订质量问题的图书由本公司负责调换)

编委会

主 编

吴建波　（现场技术管理）

副主编

陆　峰　（监控系统调试）
王砚萍　（智能化算法研究）
魏晓葵　（视频质量分析）
赵　亮　（视频质量分析）

编　委

李宝敏　（智能化算法研究）
郝艳哲　（标准协议分析）
门铖铖　（视频采集）
郭小莉　（视频采集）
刘俊唐　（监控系统调试）
卢燕峰　（计算机仿真）
杨　俊　（计算机仿真）
卢妍辉　（计算机仿真）
王丽红　（视频采集）

注：以上编写人员工作单位均为河北省高速公路京秦管理处

前　　言

　　作为"智能交通"的重要组成部分，高清视频监控系统具有监视交通流量和交通运行、检测气象、实时管控关键路段、诱导交通流等功能，能及时发现路面异常情况并采取应急措施，保证了高速公路的高效运营管理。因此，高清视频监控系统在高速公路上的应用日益普及。但该项技术仍处在发展初期，因而尚存在诸多问题和不足，作者将实际工作中的一些经验成果总结于书中，主要为解决这些问题起到抛砖引玉的作用，希冀为相关管理人员和技术人员提供必要的指导和参考。

　　本书的内容基本涵盖了高速公路高清视频监控的主要技术，并针对一些现场遇到的典型问题提出了解决方法和思路。本书的编写主要从下面几个方面来展开。

　　1. 本书介绍了诸多视频监控相关的技术，包括流媒体技术、即时通信技术、EPON 技术、红外热成像技术、双流技术、视频压缩和存储技术；分析模拟监控、模数混合监控和全数字监控的特征，介绍同轴电缆、光缆、微波和网络型数字化传输技术；对快速发展的手持终端的软硬件技术进行了分析。

　　2. 本书着眼于增加设备兼容性和实现互联互通的目的，对高速公路高清视频监控设备的标准制定提出了具体的建议，旨在解决由于缺乏统一的标准协议，给用户的产品选型、后期的升级和功能拓展带来的问题。

　　3. 结合摄像机成像原理，以满足全程监控道路的要求和尽量使道路成像在视频图像中央为目的，提出摄像机在直线和曲线道路的布设方法。

　　4. 对高清视频在高速公路的应用技术进行介绍，包括车速检测、目标识别、车牌识别、透雾增透、人物面部识别、交通流量控制、非法滞留等。

　　5. 采用图像和视频质量分析技术，对现有高速公路高清视频监控进行分析，总结出现的高清视频监控存在曝光不合理、夜间黑白彩色频繁转换、对于车辆远光灯的强光抑制不够、画面中出现"鬼影"和"飘絮"等问题，提出在设备选用时应注意的重点。

　　河北省高速公路管理局、河北省高速公路京秦管理处和河北工业大学电气工程学院对本书的出版给予了大力支持和帮助。"河北省交通厅科技计划项目"对本书的出版给予了资助。在此，对相关领导和工作人员一并表示衷心感谢。

　　由于编者水平所限，书中难免存在不足，衷心欢迎读者批评指正。

编者

2014 年 9 月

目 录

第1章 绪论 ································· 1
- 1.1 发展历史 ································· 1
- 1.2 现状及存在的问题 ···················· 3
- 1.3 前景展望 ································· 7

第2章 视频监控关键技术 ················ 9
- 2.1 流媒体技术 ······························· 9
- 2.2 即时通信技术 ··························· 11
- 2.3 EPON 技术 ······························· 12
  - 2.3.1 EPON 技术系统构成 ··········· 12
  - 2.3.2 EPON 技术传输原理 ··········· 13
  - 2.3.3 EPON 技术的应用 ··············· 14
  - 2.3.4 EPON 存在的问题及解决方法 ··· 16
- 2.4 红外热成像技术 ······················· 16
- 2.5 双流技术原理和应用 ················ 17
  - 2.5.1 监控网络构架 ····················· 17
  - 2.5.2 监控数据双流原理与流程 ····· 18
  - 2.5.3 双流技术对带宽的需求 ········ 19

第3章 视频传输 ····························· 21
- 3.1 视频传输的历史 ······················· 21
- 3.2 视频传输系统 ··························· 21
  - 3.2.1 模拟监控系统 ····················· 22
  - 3.2.2 模数混合监控系统 ·············· 22
  - 3.2.3 全数字监控系统 ·················· 23
- 3.3 传输方式 ································· 26
  - 3.3.1 同轴电缆传输 ····················· 26
  - 3.3.2 光缆传输 ···························· 27
  - 3.3.3 微波传输 ···························· 28

3.3.4　网络型数字化传输 ·· 29
　3.4　传输方法 ··· 30
　3.5　传输协议 ··· 31
　　3.5.1　通用视频传输协议 ·· 31
　　3.5.2　高速监控视频传输协议的制定 ································ 32
　3.6　传输设备 ··· 33

第 4 章　视频压缩和存储 ·· 35
　4.1　视频压缩编码 ··· 35
　4.2　存储设备 ··· 37
　　4.2.1　早期存储设备 ·· 37
　　4.2.2　中期存储设备 ·· 37
　　4.2.3　后期存储设备 ·· 39
　　4.2.4　新一代存储方案 ·· 42
　4.3　手持终端 ··· 43
　　4.3.1　移动视频监控系统的组成 ······································ 43
　　4.3.2　软件关键技术 ·· 45
　　4.3.3　系统测试及应用 ·· 47

第 5 章　摄像机布设 ··· 49
　5.1　摄像机布设国内外现状 ·· 49
　5.2　摄像机标定 ··· 50
　　5.2.1　概述 ·· 50
　　5.2.2　摄像机标定分类 ·· 51
　　5.2.3　摄像机成像原理 ·· 53
　　5.2.4　常用坐标系及其关系 ·· 55
　5.3　摄像机布设原理 ··· 58
　　5.3.1　摄像机在直线段布设方法 ······································ 58
　　5.3.2　摄像机在曲线路段布设方法 ···································· 59

第 6 章　高清视频在高速公路的主要应用 ······················· 60
　6.1　高速公路车速检测 ·· 60
　　6.1.1　运动目标 ·· 61

        6.1.2 角点检测 ··· 62
    6.2 目标识别 ··· 63
        6.2.1 图像处理 ··· 64
        6.2.2 图像识别 ··· 65
        6.2.3 车牌识别 ··· 66
    6.3 视频智能监测 ··· 68

第 7 章 高清视频的质量分析 ··· 71

    7.1 图像增强 ··· 71
        7.1.1 线性灰度变换 ··· 71
        7.1.2 非线性灰度变换 ··· 71
        7.1.3 直方图均衡化 ··· 72
        7.1.4 图像的锐化 ··· 74
    7.2 视频客观判断的方法 ··· 75
        7.2.1 均方误差法 ··· 76
        7.2.2 信噪比法 ··· 77
        7.2.3 峰值信噪比方法 ··· 77
        7.2.4 均方根误差方法 ··· 77
        7.2.5 基于 HVS 模型的方法 ·· 77
    7.3 视频检测 ··· 78
        7.3.1 检测算法 ··· 78
        7.3.2 视频图像色偏检测 ··· 79
    7.4 视频图像矫正 ··· 80
        7.4.1 图像对位 ··· 80
        7.4.2 增益与直流偏置校正 ··· 80
    7.5 视频摄像机的具体效能分析 ··· 81
        7.5.1 存在的问题 ··· 81
        7.5.2 摄像机的具体分析 ··· 82

参考文献 ··· 88

第1章 绪论

1.1 发展历史

"高速公路的发展水平是一个国家经济实力和经济发展水平的重要标志之一，也是一个国家经济发展活力的重要标志。"高速公路相比于一般公路具有鲜明的经济技术特征，集中体现了公路交通的先进生产力。它的建设和投入使用，提高了公路运输的效率，缩短了公路运输时间。对加快改革开放、推动社会进步、振兴国家经济、完善运输结构、巩固国防建设等方面发挥着巨大的作用。改革开放以来，我国的经济建设步入了"快车道"，交通基础建设也迅速发展。人们的出行越来越追求方便、舒适、安全和快速，货物运输也越来越倾向于信息、集散、运送、服务的快速优质发展。汽车业的迅猛发展满足了这些需求，而它的发展也推动着交通基础建设进程。汽车业的兴起，不仅改变了人们的时空观念、加快了生活节奏，拉动了很多相关产业的发展，有效地促进了经济的腾飞；同时，汽车业的兴起也为交通基础设施建设提出了新的挑战，更多的道路和更高的交通管理水平是保证汽车发挥效用的关键。于是，如何更快、更好地满足经济的发展速度和社会生活的质量，使高速公路建设产生巨大的经济和社会效益是我们面临的一项难题。

高速公路监控系统是通过沿线的外场设施（各类检测、显示等装置）及时、准确、完整地收集并预告前方道路的各类信息，如交通量、事故、路况等，道路监管部门通过监控中心的监视（显示）设备直观地了解交通运行状况。在发生交通异常时，能及时确定事故或受阻区域，并实时发布相应的诱导和救援信息。随着21世纪信息技术的广泛应用，我国的交通行业在这场数字化产业革命浪潮中也正经历着翻天覆地的变化，尤其是以高速公路为代表的道路交通信息化正悄然改变着我们的出行环境，也正在逐步解决着前面所说的难题。基于现代电子技术、信息技术的高速公路管理手段——高速公路交通视频监控系统成为了交通设施建设和管理部门关注的焦点。

视频监控系统作为安防系统一个非常重要的组成部分,在国内发展应用已有20多个年头。随着社会高速发展的脚步以及电子技术日新月异的变化,视频监控系统已从模拟——电缆传输系统,发展到模数结合——光纤传输系统乃至全数字的大型系统。根据各行业对视频监控系统的不同业务需要以及不同场合的实施特点,从减少投资和资源共享的原则出发,视频监控系统已逐渐从单一系统向联网系统过渡。

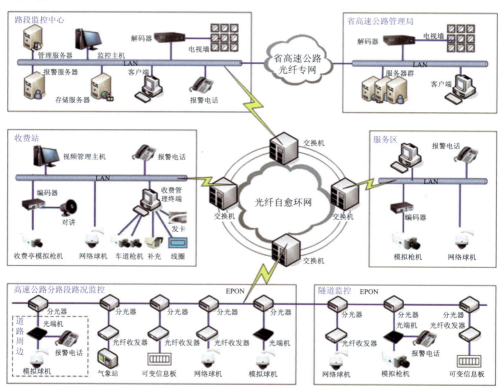

图1.1　视频系统示意图

随着计算机控制技术、自动化控制技术和网络通信技术的高速发展,在信息化产业变革的大背景下,"智能交通"战略下的高速公路视频监控系统的技术结构随之变化。落后的单一计算机或者车道视频监控系统集中、简单的处理方式逐渐被淘汰,取而代之的是分布式监控系统架构。海量视频数据由数以百计的视频监控摄像头采集,通过高带宽的数据传送网络集中传输到视频数据中心进行存储,同时在监控页面上实时输出显示。同时,传统的单一摄像监控的监控策略无法统一自动配置，需依靠人工对监控区域的间断监控视频进行采集，即现有的高速公路视频监控系统采用多种监控计划任务部署。因此，通过对监控计划任务的有效部署使视频监控采用有效的监控策略，针对不同检测区域提供不同检测策略，监控敏感区域需做到多摄像机联合无盲点监测。同时，对于海量的视频数据需进行有效的数据资产安全保证，通过采用先进的存储网络，使得视频数据在反查、追查、定责等方面有据可查。

这些监控系统可实施交通流量和交通运行监视；对关键点进行气象检测；对关键路段实施交通适时控制；及时发现各种异常情况并采取应急措施，保证高速公路高速、安全、经济的运营管理。

视频系统示意图见图 1.1。

1.2 现状及存在的问题

在我国，视频监控的应用已经开始从个别行业渐渐发展到大众市场，从小范围私家监控到本地监控，再到跨区域的远程监控。随着人们对图像清晰度的要求不断提高，高清视频监控已经成为整个行业的发展主体。高清视频监控领域主要包括数字视频系统、模拟视频系统以及网络视频系统三大块，但这三种系统的应用范围各不相同。

（1）数字视频系统。

互联网都是以数字形式来传递信号的，其中网络传输也包括在内，但是实际生活中，在互联网上搜索观看的数目可观的视频不完全是以高清形式存在的。同样，在数字监控系统里面也会有不同的清晰度等级，标准清晰度和低清晰度都是存在的，究其原因，还是因为对于高清信号大数据的压缩比例不能达到系统的整体要求。目前，国内市场依旧是以数字监控系统为主，其信号传输都是未编码进行的，而正是因为传输过程不需要打包数据，传输的都是未经压缩的、连续的码流，使得信号更具完整性、实时性。

（2）模拟监控系统。

先来排除一个误区，模拟并未被淘汰，模拟高清依旧存在很大的优势。正因图像信号不需要数模转换，保持原有的模拟信号，所以模拟信号得以在短距离传输中展现其良好的实时性和图像复原。不过，模拟监控系统的劣势也不可忽略，通过一次转换操作后所形成的数字信号，如果假定它第二次又再一次被集体整合处理进入 IP 网络，信号在传输的过程中极有可能存在数据丢失且结果失真的情况，同时可能伴随有显著的时间推后现象，最终造成在数据结果的扩充方面和长途传输方面存在阻碍的后果。

（3）网络视频系统。

现在，网络的大数据环境渐渐开始不再对高清视频监控技术有所限制和阻碍；同时，如果要达到高清的效果就必须在使用之前投入大量的资金，传输也要高速，存储也必须是大容量的，网络视频技术正符合这些要求，因此网络视频技术的发展前景还是相当乐观的。它最突出的特点是它可以在 IP 的条件下进行数据之间的沟通交流、保存以及完成对数据的整理操作，而且对清晰度相对较高，从而大大提高了全自动处理过程的效率。不过网络传输的费用昂贵，所以其在民众生活中的普及程度较小。

网络视频监控现主要有专用网络视频监控、动态 IP 网络视频监控、VSaaS 架构视频监控即服务三种。电信的"全球眼"与各城市的"天眼"工程实际上就是一种专用网络视频监控。不过，正是因为政府部门对通信渠道的高要求，高清视频监控技术才可以得到现在这样高频的应用。在大众化这个问题上，限于高额的工程设备费用，使得大部分运营模式以 VSaaS 视频监控即服务为主。在大多数高清视频的监控技术中能不能选择一个可以充分满足这个行业所需要的、同时又具有亮点的视频监控技术是尤为关键的。

在高速公路监控系统的研究领域，国外起步比较早，发展到现在已经比较完善，美国、欧洲和日本等经济强国已经走在世界的前列。在国外市场上，主要推出的是数字控制的模拟视频监控和数字视频监控两类产品。前者技术发展已经非常成熟、性能稳定，并在实际工程应用中得到了广泛应用，特别是在大、中型视频监控工程中的应用尤为广泛。后者是新近崛起的以计算机技术及图像视频压缩为核心的新型视频监控系统，该系统因解决了模拟系统部分弊端而迅速崛起，但仍需进一步完善和发展。目前，视频监控系统正处在数控模拟系统与数字系统混合应用并将逐渐向数字系统过渡的阶段。在监控领域，集中了多媒体技术、数字图像处理及远程网络传输等最新技术的数字监控正在逐步取代传统的模拟监控，它代表了监控系统的发展潮流。

远程监控是国内外研究的前沿课题，国内外都展开了积极的研究探索。视频技术的研究和应用是目前最热门的话题之一。近年来，国外研究学者一方面致力于低码率的新视频压缩标准的算法优化及相关视频处理器等高端安防产品的研究与开发，另一方面网络通信技术是远程监控技术中最为关键的技术，科研人员在远程监控系统网络化方面投入了大量精力。国内的研究人员多关注视频编码的算法研究与优化，而在高端安防产品的研制方面进展较慢。

在国内，我国高速公路发展起步较晚，在刚开始建设高速公路时，由于受到经费和高速公路上交通量不大等因素的限制影响，刚开通就有完善监控系统的几乎没有。但是随着高速公路安全问题的日益突出，建设主管部门对监控系统的重要性有了进一步的认识，现在已经在各高速公路上建成了一定规模的监控系统。

广佛高速公路全线长 15.97km，它的监控系统是国家"七五"攻关项目"高速公路监控系统研究"的依托工程。该系统采用总线传输，双机冷备份，全线布设 9 组车辆检测器，每组 500～1500m 间隔不等，主线设置 7 块可变限速标志，4 块可变情报板，每千米 1 部紧急电话，4 台摄像机和 1 块模拟地图屏，是我国第一条有比较完善监控系统的高速公路。

国内较为典型的监控系统——沪宁高速公路江苏段，全长共 258.46km，全线有 1 个交通监控中心、5 个分中心、20 个收费站、6 个服务区和 20 个互通式立交。考虑到交通流量大及复杂的地理、气候因素影响，沪宁高速公路全线共设置了 96 套车辆检测器，5 个监控分中心的管辖段内各设置了能见度检测器，在水网地区（苏州）和丘陵地区（镇江）各布设了 1 套气象检测器，沿线设置了 36 台闭路电视摄像机，36 块可变限速标志，在主要进出口匝道处设置了 29 块可变情报板，按每千米 1 对的原则，设置了紧急电话对。监控中心设有大屏幕投影系统、监控分中心计算机系统、闭路电视监控系统和紧急电话系统。该监控系统具有多方面检测手段，实现图像监视和完善的紧急电话报警功能，能够及时、动态地发布警示和诱导信息。

我国目前与国外还存在如下差距。

（1）监控系统技术上的差距。第一，国外采用的系统平台其硬件、软件采用模块式、分布式结构，适应性强、可靠性高。性能良好的操作系统、数据库管理系统以及成套的软件开发包为用户的开发和使用带来了极大的便利，并逐渐走向开放化、标准化。第二，通信网络化。通信网络技术的应用，使得设备之间及设备与监控计算机之间的信息交换更方便。

（2）系统标准上的差距。美国制定了一系列旨在推进全国性的智能运输系统计划，包括与交通信息系统及服务相关的数据通信标准、数据输入和交换标准、电子地图和信息传输标准等。智能运输系统是一项涉及众多组织协调合作，共同研究、开发、实施和调控的大系统，它由先进交通信息系统（ATIS）、先进交通管理系统（ATMS）、先进车辆系统（AVCS）、先进公共交通系统（APTS）和商用车辆运营系统（CVOS）等共同构成。其中心思想就是利用最先进的计算机、通信、监视及控制等科学技术，使交通运输达到人—车—路综合协调的新境界，提高道路的使用效率，以保障安全、节约能源和保护环境。

高速公路与一般公路相比，具有封闭性高、交通流量大、设计时速快等特点，为保安全畅通,高速公路运营管理单位要求对高速公路进行视频监控,掌握高速公路运营情况。目前视频监控技术还是要依赖自然光。光照条件良好条件下,监控质量可以保证,而在光照条件恶劣的夜间情况、雾霾天气下却成了"睁眼瞎",无法获得有效的监控图像。针对夜间监控的要求,开发了红外 LED 补光摄像技术、激光夜视技术。但是目前这两种技术应用到高速公路干线全程监控上均有一定缺陷。LED 补光可以满足近距离监控要求,但受限于大功率 LED 技术限制,百米外监控效果较差。如果片面追求远距离监控效果,就要减小 LED 发射角,在大场景监控时,LED 补光区域只是一个亮斑,形成手电筒效应,不能满足监控要求。激光夜视系统由激光辅助照明、可变焦镜头、彩转黑低照度摄像机组合而成,配备复杂的激光变焦系统,可对激光的发射角进行调节,实现照明区域可变。但是激光变焦系统很难与摄像机的可变焦镜头同步,调节烦琐。针对这些问题,红外热成像技术这种被动成像系统就显示出它的优势。

视频联网监控系统的目的是便于高速公路管理。目前各省、市高速公路管理体制因高速公路里程范围的不同而有所区别。高速公路里程较长、范围广的省份基本采用省中心—区域中心—路中心 3 级管理模式;高速公路里程不长的省份基本采用省中心—路中心 2 级管理模式。不论采用何种管理模式,视频联网监控系统的实现都有逐级上传的视频传输通道和由上而下的控制路由。收费站、道路监控图像到监控中心的视频上传多采用模拟视频光端机或数字非压缩视频光端机传输。路段监控到省监控中心由于传输距离较长,往往大于光端机的无中继传输距离。另外,考虑到通信系统所提供的传输带宽,视频图像的上传则采用数字压缩方式传输。视频控制目前多采用以矩阵控制为主、多媒体计算机控制为辅的方式。视频控制矩阵之间直接通过通信系统提供的数据通道,或是由与矩阵相连的多媒体计算机通过以太网完成控制信号传输。当前联网方式存在的主要问题有以下几个。

(1)资源的充分共享和统一管理难度大。

(2)跨级、跨路段图像调用存在再调制、二次编解码的情况,设备浪费严重。

(3)无法实现办公局域网内的图像浏览。

(4)不适应数字化、网络化的发展趋势。

此外,在视频处理方面,绝大多数监控中心的视频图像处理方式,都是在异常情况发生后,通过调用、查看当时图像录像方式进行人工分析,以求"亡羊补牢"。这种"后处理"方式的主要问题在于以下几方面。

(1)人工处理受"视觉疲劳"因素影响,"虚报""漏报"在所难免。

(2)人工处理仅提供"定性"判断,很难提供"定量"分析实现系统数据共享。

(3)人工处理无法实现分析,无法实现联动报警,容易造成事故隐患。

(4)监控中心存储/处理数据量大,数据挖掘效率低,大量垃圾数据造成存储瓶颈。

随着全国高速公路建设的推进,视频监控系统在整个监控系统中所占比重和复杂程度日益增加。由于在高速公路建设初期全国各省基本上都没有全省高速公路视频资源联网监控的方案规划,已建成的高速公路采用的视频监控方案、技术指标、设备型号和接口标准等方面存在着不同程度的差异。随着高速路网的逐步形成,各条高速公路上相互独立的视频监控系统已逐渐不能满足管理的需要,省级管理部门也无法对整个运营路网的交通运行状况有一个全面的掌握,异常丰富的视频监控资源不能在全省各职能管理部门之间联网共享,甚至出现同一重点监控区域重复建设的情况。对视频监控资源共享的迫切需求正推动着各省大力推进视频资源联网监控系统的建设,采用国际标准的视频编解码协议和开放的网络流媒体访问协议,对于现有的监控资源进行整合提升,使视频监控系统与其他各子系统间实现无缝连接,并在统一的操作平台上实现管理和控制,实现省内交通视频资源的联网共享并为交通应急指挥提供强有力的支撑已成为当前路网运营管理的当务之急。

1.3 前景展望

在高清视频技术渐渐被大众所熟悉了解而且使用也逐渐有所增加的前提下,高清视频已经成为我们消费习惯的一部分了。高清视频技术正在帮助监控技术有所改善,同时发展的监控技术也同样促进着高清视频技术的发展。在未来的某一天,它们一定可以形成一个共赢的局面。先进的技术代表着更高的安全性,而大众的需要又会推动着这种技术发展的循环。在未来,高清视频技术一定会成为关注的焦点,而此时监控也以稳健的步伐发展壮大。现在的高清视频监控已经不存在原来那般扭曲画质了,其基本可以凭借人的肉眼来分辨出一些较小的文字和形状。在未来,它一定可以在动态下自行去噪或降噪,达到一个更完美的视觉效果。

近年来,随着视频技术、图像处理技术、通信技术、计算机技术、网络技术的快速发展,视频监控系统应用越来越广泛,成为人们工作、生活中保驾护航的忠诚卫士。前端系统视频图像智能分析(事件分析)主要优势在于以下几方面。

(1)事件快速反应。"毫秒级"判断识别事件类型并促发联动报警。

(2)监控效率高。前端系统数据挖掘+联动报警,视频监控针对性强。

(3)有效资源共享。规范化专业数据,为后台系统提供强大共享功能。

高速公路对人们的日常出行有很大的影响,为保证人们的出行安全,将视频监控技术应用在高速公路日常管理中,管理人员能全面掌握高速公路的运行状况。视频监控技术在高速公路管理的应用有以下4个特点。

(1)通过远程视频监控,可以实时采集路况信息,为交通管理提供依据。

(2)对道路、收费站车道、收费亭等日常工作、出入车辆的图像资料,进行存储,以备交通事故、车辆闯关等突发事件取证时查询。

(3)在突发交通事故等事件时,可以实时监控,为远程应急指挥提供参考。

(4)对收费员形成一种无形监督,以便严格要求自己,提供更好的服务。

高速公路视频监控系统发展了很多年,已经逐渐从模拟时代走向数字时代,在这种大背景下,下一阶段的发展方向是融合化、联网化、标准化、专业化、清晰化和智能化。目前正在向着业界公认的前端一体化、视频数字化、监控网络化、系统集成化方向发展。而数字化是网络化的前提,网络化又是系统集成化的基础,所以视频监控发展的最大两个特点就是融合化和联网化。

第2章 视频监控关键技术

2.1 流媒体技术

实时视频监视与录像回放是视频监控的两大重要基本业务,其本质是将视频源上的多媒体数据传送到视频接收端。实时视频监视要求完成视频的实时传输,具有很强的实时性;录像回放则类似于 VOD 业务,具有一定的实时性（但并非很强）,要求画面清晰流畅,并且能完成各种播放控制操作。

可以将前端的摄像机看成是实时的 A/V 源,而将录像文件看成是存储的 A/V 文件,那么目前解决此类问题的一个很好的办法便是运用流媒体技术。

流媒体是指通过因特网或内部网实时或按需访问的音频（Audio）、视频（Video）以及多媒体（Multimedia）内容等的连续时基媒体。传输采用流式传输模式,分为顺序流式传输与实时流式传输两种模式。高速公路视频监控,属于实时广播的视频服务,采用实时传送协议（Real-time Transport Protocol，RTP）进行 H.264 编码方式的视频数据的传输,同时为了减小服务器端中央处理器（Central Processing Unit，CPU）时间及通信带宽的平均负载,在传播方式中采用组播方式进行视频数据(RTP 数据包)的分发。

在加入组播过程中,采用基于 HTTP（Hyper Text Transfer Protocol）/TCP（Transmission Control Protocol）协议的可靠连接,进行视频数据源的选择,同时完成请求用户的身份认证,视频内容的传输则是采用 RTP 协议进行（图 2.1 和图 2.2）。

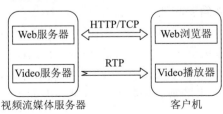

图 2.1 实时流式传输过程

图 2.2 视频媒体组播过程

流式传输及流媒体（Streaming Media）是为了解决信息传输实时性问题而开发的。流式传输主要是指通过网络传输媒体（如音频、视频等）的技术总称，其特定含义为通过网络将音视频等信息传输到用户终端播放时，无须等全部文件下载完毕才可播放，而是将连续的音视频信息压缩后放于服务器，用户终端播放时只要将开始部分的内容存入其内存，其余数据流由用户终端在后台继续接收并播放，直至播放完毕或用户中止操作。这样，用户播放媒体的等待时间将显著减少，且无须太大缓存。流媒体指使用流式传输技术的连续时基媒体。

流式传输主要是为了区别于下载传输而提出的。传统的下载传输方式有两个基本条件：一是基于文件操作，二是文件要全部下载后才能使用（播放）。对于实时视频监视而言，不存在文件的概念，因此无法用"下载"的方式实现。对于录像业务，录像数据可以以文件形式存在，但是如果录像数据必须等完全下载后才能播放，会带来很大的时延，用户无法忍受，所以，比较理想的方式是采用流式传输。

实现流式传输有顺序流式传输（Progressive Streaming）和实时流式传输（Realtime Streaming）两种方法。视频监控业务主要采用实时流式传输。

图 2.3 所示为采用流媒体技术的视频监控系统架构示意图。网络摄像机可以看成是一台提供实时 A/V 源的服务器，当用户请求进行实时监视时，网络摄像机采用实时流式传输方式向用户终端传送监控画面。考虑到多个用户同时访问网络摄像机将带来流量瓶颈等问题，可以使用视频服务器来进行中转，让视频服务器提供强大的负载能力。

以上只是原理性的简要说明。上述方案可以满足小型的视频监控系统，但在大型的视频监控系统中，监控前端设备与用户终端的数目都非常庞大，除了增加考虑组播、广播等方案外，更需要一套完善的媒体分发、调度机制来保证媒体的高效传送。在这方面，目前尚无现成的成熟方案，中国通信标准化组织（CCSA）正对此展开积极研究，以便为未来的视频监控系统提供标准的媒体传送机制。

第 2 章 视频监控关键技术 | 11

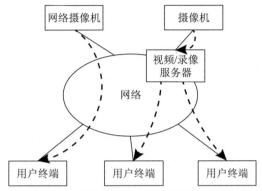

图 2.3 采用流媒体技术的视频监控示意图

2.2 即时通信技术

提到 Presence，大家首先想到的肯定是即时通信（IM），而 Presence 技术与视频监控的结合是一个比较新的提法。以传统方式来思考，似乎两者没有太大瓜葛，其实不然，Presence 可以很好地服务于视频监控。

Presence，也称"Presence Information"，中文一般译为"呈现"，用以传达用户状态以及用户通过一组设备进行通信的能力。Presence 最常用于即时通信工具，比如，在很多 IM 软件中有联机、忙碌、离开、显示为脱机等状态。这些便称为"Presence 状态"，它们表征了用户当前所处的某种状态。同时，这些状态还反映出与该用户与其他用户进行通信的能力，比如若用户处于"脱机"状态，别的用户便不能用即时消息与之通信。

一个最简单的 Presence 过程如下：一个用户（称为 Watcher）订阅（Subscribe）他感兴趣的另一用户（Presentity）的 Presence 状态，Presentity 接受订阅请求。以后 Presentity 的状态发生变化之后他会发布（Publish）自己的新状态，这个新状态会通知（Notify）给 Watcher。图 2.4 给出的是 RFC2778 提出的 Presence 模型。

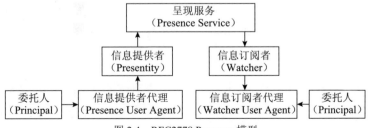

图 2.4 RFC2778 Presence 模型

从系统的角度来看,视频监控中的各个监控前端设备与 IM 系统中的用户有很多相似之处,比如说,系统应时刻了解各监控前端设备。

(1) 是否已登录到系统。

(2) 具备什么样的能力集(比如支持何种编码方式,是否支持加密,是否支持远程 PTZ 控制)。

(3) 是否正在被用户访问,以及被哪些用户访问等。

不难发现,以上这些"状态"的维护正是 Presence 技术的擅长之处。可见,如果能将 Presence 的技术成果运用到视频监控系统中,将会带来很大的方便。

如果被监控点和中央控制中心相距较远且位置较分散,利用传统网络布线的方式不但成本非常高,而且一旦遇到河流山脉等障碍时,有线网络更是束手无策。此时,无线网络的优势就能体现出来。利用无线网桥技术,可以将多个被监测点与中央控制中心连接起来,且搭建迅速,可以在最短的时间内迅速建立起无线网络链路。

在无线监控系统中,无线网络主要扮演连接被监控点和监控中心数据传输链路的角色。通过无线网络可以将远程的多个监控点设备连接起来,进行视频传输;同时,由于监控系统对视频质量要求较高,如何在无线网络中传输稳定高质量的视频信息也是无线数字监控系统中需要解决的关键技术之一;此外,从工程实现的角度考虑,桥接设备往往安装在室外,如何对这些设备进行远距离供电以及设备管理也是值得关注的问题。

2.3 EPON 技术

PON 技术最早始于 20 世纪 80 年代,属于一种纯介质网络,在实际应用过程中,它不受雷电和电磁干扰的影响,降低外部设备和路线的故障率,从而提高技术系统的可靠性,并节约成本费用。随着 IP 技术的广泛应用,EPON(Ethernet over PON)发展成为 PON 最实用的技术。EPON 是光纤接入网最有效的方式之一,不需要任何协议,仅仅依靠光信号来传送到用户中心。下面简单介绍一下 EPON 技术的工作原理。

2.3.1 EPON 技术系统构成

EPON 技术与其他 PON 技术相同,采用点到多点的用户网络拓扑结构,通过光纤来实现数据、语音以及视频的业务接入,对于 EPON 技术的系统结构描述如图 2.5 所示。

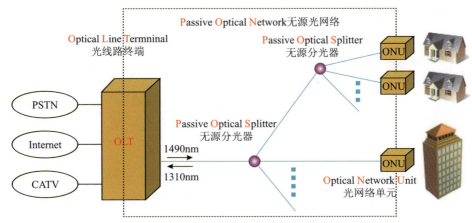

图 2.5 EPON 系统结构图

一般来讲，EPON 技术系统主要通过 OLT、POS 和 ONU 三个部分组成。OLT（Optical Line Terminal）位于中心机房位置。OLT 兼具路由器或交换机和业务平台的功能，能够提供 PON 接口。而 POS（Passive Optical Splitter）是一个无源光纤分支器，是连接 OLT 和 ONU 的不需要连接电源的设备，并且具有分发下行数据和集中上行数据的功能。ONU（Optical Network Unit）是放在用户设备端附近或者是与其合为一体，一个 OLT PON 端口下连接的 ONU 数量取决于设备，并且通常是固定不变的。一般来讲，在 EPON 技术系统中，OLT 与 ONU 两者之间的距离最大能够达到 20km。

2.3.2 EPON 技术传输原理

EPON 在数据传输中使用单芯光纤，能够同时传送上下行两个波速。EPON 技术应用到高速公路视频检测系统中，下行传输数据和上行数据传输两者之间是有区别的。具体传输示意图如图 2.6 所示。

数据 OLT 到多 ONU 以广播式下行，根据 IEEE80213ah 协议的要求，每一个数据帧的帧头包含前面注册时分配的、特定 ONU 的逻辑链路标识（LLID）。在分光器处，流量被分成独立的 3 组信号，每一组都能载到所有 ONU 的信号。当数据信号到达 ONU 时，ONU 能够在物理层上做出判断，接收那些给自己的数据帧，摒弃那些给其他 ONU 的数据帧。

而对于上行传输，则采用时分多址接入技术（TDMA）分时隙给 ONU 传输上行流量。ONU 在注册成功后，OLT 就会根据系统的配置，自动给 ONU 分配特定的带宽。在采用动态带宽调整时，OLT 会根据指定的带宽分配策略，动态地给每一个 ONU 分配带宽。所有的 ONU 与 OLT PON 端口之间时钟是严格一致的,每一个 ONU 只能够在 OLT 给它分配的时刻上面开始,用分配给它的时隙长度来传输数据。通过时隙分配和时延补偿,来保证多个 ONU 的数据信号耦合到一根光纤时,ONU 的上行包不会受到互相干扰。

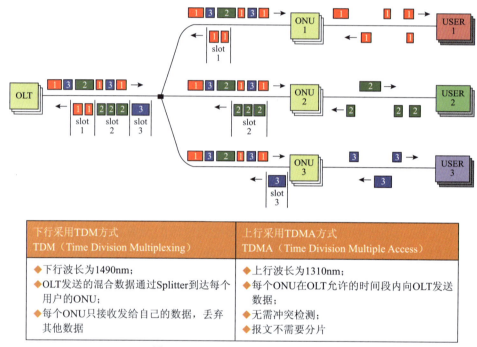

下行采用TDM方式 TDM（Time Division Multiplexing）	上行采用TDMA方式 TDMA（Time Division Multiple Access）
◆下行波长为1490nm； ◆OLT发送的混合数据通过Splitter到达每个用户的ONU； ◆每个ONU只接收发给自己的数据,丢弃其他数据	◆上行波长为1310nm； ◆每个ONU在OLT允许的时间段内向OLT发送数据； ◆无需冲突检测； ◆报文不需要分片

图 2.6　EPON 上下行传输原理示意图

2.3.3　EPON 技术的应用

众所周知,高速公路的线形比一般公路的线形好,并且高速公路设计的标准比较高,车辆交通通行量比较大,行车速度比较快,高速公路的开通给人们的出行和交通带来了极大的便利,成为人们生活中重要的交通运行方式。在高速公路中实施视频监控系统,能够查看高速公路中车辆情况,及时发现高速公路中车辆出现的问题,并在较短的时间内采取合理的解决措施,高速公路中视频监控系统的存在,在很大程度上减少了高速公路上交通事故的发生率,维护了整个高速公路的安全运行。目前,高速公路中视频监控系统的范围主要包括高速公路路线的全程监控、收费站监控、隧道监控和服务区监控。其中视频监控系统的传输介质使用的是光纤。EPON 技术在高速公路视频监控系统中作为一个传输平台存在,ONU 和

OLT 之间的最大距离为 20km，这样就可以通过设置多个 OLT 设备与多个 PON 接口的接入来实现传输监控。

为了降低成本，节约传输介质光纤资源，可以采用 5∶95 的逐级分光方式。同时合理控制监控点，节约资源并提高系统的稳定性。同时 OPEN 技术还可以利用树形网络结构来连接，保证各个节点受到充足的光源，从而提高宽带传输速度，EPON 技术在高速公路视频监控系统中，非常适用。结构示意如图 2.7 所示。

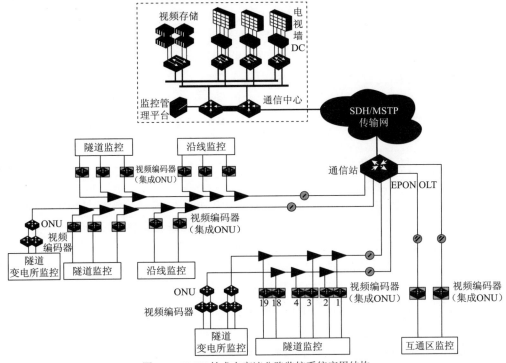

图 2.7　EPON 技术在高速公路监控系统应用结构

EPON 技术应用到高速公路视频监控中，对保障高速公路的稳定、安全运行发挥了重要意义，但同时也存在着不容忽视的弊端。当高速公路视频监控传输系统业务出现大流量数据和实时性高的情况时，并且结合视频技术时，会引发宽带拥堵等问题的发生，并且当峰值出现的时候，宽带拥堵会影响传输视频的质量。在高速公路视频监控系统中，会因为宽带问题对网络性能造成重要影响，严重的还会造成业务无法进行，这是保障 EPON 传输机制实现网络业务畅通运行的重要的基本条件。另外，高速公路使视频监控系统中，EPON 技术属于单芯传输，节点故障还可能会造成 EPON 技术的双向故障。

2.3.4　EPON 存在的问题及解决方法

随着对高速公路视频监控要求的不断提高,高速公路视频监控传输系统的网络业务出现数据流量大、实时性高的特点,且在与数字视频技术结合时,会产生报文大小变化而引发带宽拥塞的问题,即峰值出现的情况下,带宽不够会影响视频及存储流实时传输质量。带宽问题不仅影响网络的性能,还会使业务无法运行,是 EPON 传输机制在网中是否能够正确实现、保障业务畅通的重要条件。同时,EPON 采用单芯传输方式,节点故障可能会导致 EPON 双向链路故障。

针对出现的带宽问题可通过组播技术来解决。具体方法为在 OLT 及 ONU 端开启组播转发或透传功能。在同源并发的情况下减少流复制带来的带宽压力。针对 EPON 单芯故障问题,可采用管道内双线备份的方式解决。

综合上述关于 EPON 具备传输原理、实时性、灵活性、数据安全性、经济性等特点,在高速公路视频监控传输系统中采用 EPON 传输是稳妥可行的方式。

2.4　红外热成像技术

在自然界中,一切物体都会辐射红外光,如果能利用仪器检测出目标物像与背景的红外光差别,就可以得到红外光图,从而对目标物进行监测。这解决了夜间监控问题。人眼能够感受到的可见光波长为 $0.38 \sim 0.78 \mu m$。红外线属于波长大于 $0.78 \mu m$ 的电磁波。自然界中,一切物体都会辐射不同波长的红外线,因此能够利用特制的探测设备分别检测出监控目标本身和背景之间的红外线波长,从而可以得到不同的红外图像,红外图像称为热图像。

采用红外热成像技术,探测目标物体的红外辐射,并通过光电转换、信号处理等手段,将目标物体的温度分布图像转换成视频图像的设备称为红外热成像仪。红外热成像仪在视频监控中的应用举例如下。

(1) 夜间及恶劣气候条件下的目标监控。

夜晚,需可见光工作的设备已经不能正常工作,如果采用人工照明,则容易暴露目标。若采用微光夜视设备,它同样也工作在可见光波段,依然需外界光照明。而红外热成像仪是被动接受目标自身的红外热辐射,无论白天黑夜均可以正常工作,并且也不会暴露自己。同样在雨、雾等恶劣的气候条件下,由于可见光的波长短,克服障碍的能力差,因而观测效果差,但红外线的波长较长,特别是工作在 $8 \sim 14 \mu m$ 的热成像仪,穿透雨、雾的能力较强,因此在夜间以及恶劣气候条件,采用红外热成像监控设备仍可以正常地对各种目标进行监控。

(2) 防火监控。

由于红外热成像仪是反映物体表面温度而成像的设备,因此除了夜间可以作为现场监控使用外,还可以作为有效的防火报警设备。很多火灾往往是由不明显的隐火引发的。用现有的普通方法,很难发现这种隐性火灾苗头。而应用红外热成像仪可以快速有效地发现这些隐火,并且可以准确判定火灾的地点和范围,透过烟雾发现着火点,做到早知道、早预防、早扑灭。

(3) 伪装及隐蔽目标的识别。

伪装是以防可见光观测为主,犯罪分子作案时通常会隐蔽在草丛及树林中,由于野外环境的恶劣及人的视觉错觉,容易产生错误判断。红外热成像仪是被动接受目标自身的热辐射,人体和车辆的温度及红外辐射一般都远大于草木的温度及红外辐射,因此不易伪装,也不容易产生错误判断。

但红外线成像也有它的缺点,具体有以下几方面。

① 视频对比度差、分辨低。由于红外热成像靠目标物体的表面温度差成像,而普通物体的表面温度差别并不显著,造成图像对比度差。另外,由于红外检测元件的限制,图像分辨率还在 D1 格式附近,与目前新兴的 720P、1080P 高清差距甚远。

② 图像无色彩,观感差。因红外热成像系统只检测设定频段内的红外线,图像没有颜色信息,通常以灰度图像显示。即使添加伪彩,也不可能再现车辆表面颜色。

③ 不能穿透车窗观测驾驶人员信息。因红外热成像系统由红外温感成像,像车窗玻璃这种透明物体对温度来说却是障碍物,红外热成像摄像机不能捕捉车窗后面的信息,也就丧失了对驾乘人员的观测、判别能力。

④ 造价昂贵。由于非制冷焦平面红外控测元件主导权仍在国外,红外热成像摄像机造价昂贵,短期内还无法解决成本障碍。但相伴随着新技术的突破、应用,红外热成像摄像机必将降价普及。

经过实际测试可以发现,红外热成像技术可以应用于高速公路监控,实现 24h 全天候视频实时监控。但目前由于技术限制和成本原因还不能普遍代替现在的监控技术,但随着技术发展,这一技术必然会成为视频监控系统的重要组成部分,提高高速公路运营管理水平,服务于现代化建设。

2.5 双流技术原理和应用

2.5.1 监控网络构架

双流技术是新一代 IP 智能监控系统的关键技术,在 IP 智能监控系统中涉及设备包括视频监控管理服务器 VM Server（VM，Video Manager）、数据管理服务器 DM Server（DM，Data Manager）、EC/DC 系列监控媒体终端、客户端软件 VC（VC，Video Client）、IP-SAN 网络存储设备、IP 网络等。

IP 智能监控系统基于 IP 构建，因此系统中各个部件都可以根据需求分布式部署并加以集中管理。与传统监控的组成类似，IP 智能监控系统包括视频源、传输及交换、存储、显示及管理控制等组成部分，系统组成如图 2.8 所示。

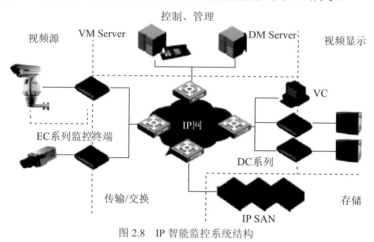

图 2.8　IP 智能监控系统结构

2.5.2　监控数据双流原理与流程

双流就是一路模拟信号输入，经过数字化后输出两路码流，一路用于实况，另一路用于存储。两路码流可以采用相同或不同的编码格式。

双流流程是在一个 IP 监控承载网络中既传输 UDP 的组播数据流也可传输 ISCSI 单播数据流。广播数据流支持实时传送，可供多个用户或者操作人员在网络的任意地点实时观看所需监测摄像头采集来的实时图像，由于采用组播方式，当多人访问同一个监控源时网络中只需要传输一路数据，这大大减轻了网络传输的压力，节省了带宽。对于无须实时监测的监测点还可通过 VM 关闭该节点的广播报文节省带宽。IVS 的每个监测点可根据 DM 制定的存储策略发送 ISCSI 单播数据到 IP SAN 存储数据库，实现数据的可靠存储供实现事后回访和事件回放。

双流技术可以在一台 EC 设备上同时支持不同的编码技术，根据用户需求灵活设置。对于实时观测广播流可以使用 H.264 或者 MPEG2/4 等编码方式，保证图像的流畅观看。对于存储单播流可以采用高品质的 MPEG2 等，确保存储的图像高解析度，可为今后的事件回溯提供 DVD 画质的图像资料。

双流的数据实际流程如图 2.9 所示。

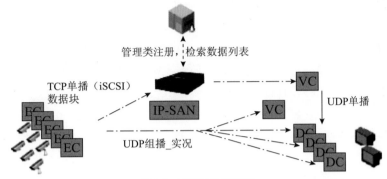

图 2.9 双流的数据流程

（1）实时监视流—组播流：可在 VC 界面上发起实时监视请求，VM 将控制指令发给相应的 EC，EC 以 IP 组播方式发送实时视频流，需要观看图像的 VC 和 DC 可加入到该 EC 所对应的组播组中，便可直接观看相应的实时视频图像了。由于采用了 IP 组播，无论有多少个 VC 或 DC 在观看该 EC 的实时视频流，所占有的 IP 骨干网带宽都是一路视频流带宽，从而节省了大量网络带宽。

（2）视频存储流—单播流：DM 预先制定每个 EC 的存储计划，该存储计划通过 VM 下发到每个 EC 上。EC 可根据存储计划，自动将视频流通过 TCP/IP ISCSI 写入到 IP SAN 存储系统中，不需要经过其他设备，也不需要其他人工干预。

除了实时监视流、视频存储流外，上图还标识了历史回放流：当需要查看历史视频信息时，在 VC 操作界面上发起回放请求，VM 将该指令发给 DM，DM 在 IP SAN 进行检索，找到相应的历史视频数据后，IP SAN 会直接将历史视频数据发给 VC，由 VC 进行解码播放。历史回放流也是单播流的一种。

图像采集终端除了支持直接端到端的集中存储以外，还支持各自的本地存储满足用户不同的需求。

总之，双流技术可以满足用户对实时流和存储流的不同需求，既可实现实时流清晰、流畅，存储流低码率、低存储空间的特点，也可以满足低码率实时流，高码率高质量存储流的需求。但是任何方案都不是十全十美的，双流的监控方案对网络带宽的要求相对较高，适用于带宽资源丰富，对实时流和存储流有不同要求的高端客户。

2.5.3 双流技术对带宽的需求

高速公路视频监控系统中，如果采用双流模式，可以预见到一路视频图像在双流机制的作用下将分为视频流及存储流。同时占用两路带宽，对带宽的影响较大。

带宽问题不仅影响网络的性能，还会使业务无法运行，是双流机制在网中是否能够正确实现，是保障业务畅通的重要条件。

在高速公路视频监控系统设计中，涉及的带宽问题可通过组播技术解决。具体方法为在监控传输网络中启用组播，使得交换机承担流复制的工作而不占用主干带宽，实际上减少带宽的占用率。

第3章 视频传输

3.1 视频传输的历史

高速公路监控视频传输技术经历了模拟传输、数字非压缩传输、网络数字化视频传输等阶段。随着联网监控以及网络开放需求的提出,高速公路对于监控视频流的需求也趋于多样化。在传输组网上,视频传输从简单点对点传播向全光无损信号传输、多级管理的平台系统发展。

高速公路监控视频传输经过多年的发展与技术积累,取得了很大的成绩。经历了从早期的利用光端机直接传输模拟和数字非压缩视频,到利用通信系统的 E1 或 IP 接口传输各类编码格式的视频图像。目前监控视频传输系统主要以视频光端机+矩阵交换的模式和压缩视频编码 IP 传输模式为主,这种技术在各路段监控系统中被大量采用。随着视频联网监控的提出,国内几个主流视频传输设备生产厂家又推出了集传输和交换于一体的多级监控管理平台产品。

3.2 视频传输系统

传输部分指的是前端部分到监控中心信号的传输过程。本系统前端设备采用有线传输的方式进行信号的传输,有线传输分为远距离传输和近距离传输。传输距离较远时,采用光缆通过光端机传输视频图像到监控中心传输距离较近时,采用同轴电缆传输视频基带信号到监控中心。

在收费站广场监控点采用点对点的方式进行视频信号的传输,点对点的方式采用了一路视频加一路反向数据光端机通过光纤传输视频信号到监控中心矩阵主机。道路路面监控采用串联的分布方式,监控点串联分布采用级联式光端机,级联式光端机采用芯光纤和少量的光端机就可传输完备,比点对点的光端机节省了大量的光纤和光端机数量,从而大大降低了成本。

3.2.1 模拟监控系统

全模拟的监控系统一般由前端设备、传输设备、切换控制设备以及显示设备组成。采用这种方式的系统,组网方式较为单一,一般采用星型网络拓扑,且无法实现监控平台的统一管理和控制;所有信号的接入传输和控制过程全部采用模拟设备,特别是传输这一环节上,采用模拟光端机,无法实现远距离上的低损耗传输,已经无法满足高速公路行业的需求,而且随着人们生活水平提高,对监控的要求越来越严格,尤其是在网络化的当代,模拟监控系统的缺点和弊病暴露出来并越来越难以适应技术和需求的发展(见图3.1)。

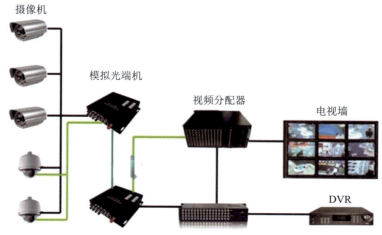

图 3.1 模拟监控系统组成示意图

3.2.2 模数混合监控系统

采用模拟数字混合组网的监控系统,是目前监控行业应用最为广泛的一种组网方式,在高速公路项目中大量应用,是基于数字光端机模拟视频矩阵的组网模式,在结构上与模拟监控统类似,但将中间的部分环节升级为数字设备。在远端的信号采集部分,配置模拟摄像机、拾音器等设备;而传输部分采用数字非压缩光端机;中心的切换控制部分采用模拟切换矩阵控制器;存储部分一般由数字硬盘录像机组成。通过矩阵切换输出的图像可一对一编码接入网络,依靠交换机,实现单播、组播等功能。这样的系统技术成熟、设备稳定,系统造价相对低廉。

采用这种方式组网的系统,一般有以下几种形式。

（1）远端监控点和中心切换控制系统均采用模拟设备,传输环节采用数字非压缩光端机(见图3.2)。

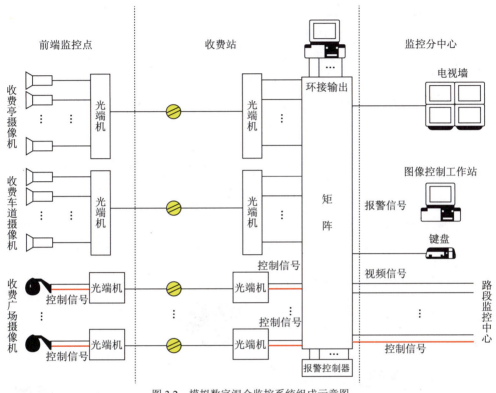

图 3.2　模拟数字混合监控系统组成示意图

（2）在前一种组网方式的基础之上,将中心切换设备输出的部分图像通过编码器接入交换机网络中,与通信系统共享监控图像。

模数混合组网方式的缺陷主要有：

①业务流向单一,自下面上,传输瓶颈明显,不利于信息共享；

②多次 A/D, D/A 信号转换、分配,易受干扰,图像显示效果差；

③设备种类复杂,交换、传输、存储各环节独立,不利于业务统一管理；

④模拟连线数量多,故障率高,对施工、维护极为不利；

⑤技术出现瓶颈,系统扩展及功能升级难以实现。

3.2.3　全数字监控系统

数字组网方式根据组网设备的不同大致可分为两种：一是基于编解码器和交

换机以 MEPG2 视频压缩编码技术与 IP 技术为主的系统；二是基于光接入单元和网络链路单元以 H.264 压缩编码技术与光通信技术为主的系统。但两者的相似之处在于都可依托于通信系统。

采用编解码技术的监控图像可在接入端即转换为数字压缩信号,如采用 MEPG2 压缩编解码技术,则图像分辨率较高、质量较好,但是占用的带宽较大,大型系统中的传输压力较大,而且无法实现多路并发联网传输。采用 H.264 压缩编解码技术的系统,则相对占用带宽较小,全网一次压缩编码,各级管理单位可同时浏览,视频共享非常灵活方便。同时,取消了矩阵切换系统,简化了系统结构。但是,无论采用何种编码技术,这类系统对网络的稳定性要求较高,容易受到网络因素干扰,而且图像延时的问题不可避免,清晰程度与非压缩图像仍存在一定的差距。大容量传输时占用较多的传输带宽和网络资源,因此传输网络的建立是以大幅度提高通信系统带宽为前提,较易形成成本转嫁。不同视频编解码技术和产品互不兼容,系统的兼容性和扩展性不够理想系统相对封闭,品牌垄断造成后续发展受限基于 IP 网络架构,系统难以实现准确的故障检测、定位,无法实现系统服务质量保证(见图 3.3)。

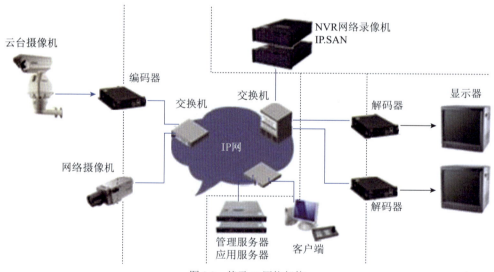

图 3.3 基于 IP 网络架构

采用光接入单元的系统,结合光纤通信技术、H.264 编解码技术为主,在接入端采用非压缩编码将图像数字化,传输到分中心的图像可以选择模拟输出或压缩编码输出两种方式。对比前一种全数字方式来讲,保证了图像在接入端的高清晰度,但需要占用较多的光纤资源,汇聚点采用数字矩阵,系统整体来讲易于管理,可选择单独组成一个传输网络或与通信系统连接。与前种方式相似,若接入通信系统,则不可避免地会产生系统延时。

无论何种形式的全数字组网方式,较前全模拟以及模数混合方式来讲,更突出其组网灵活的特点。但是,同样全数字系统也存在着一些弊端,如交换流量及阻塞率问题、通道抢占问题、多用户调用问题等。针对以上这些,在系统设计时,应该全面考虑制约系统的瓶颈,如根据监控系统的规模、接入图像的数量,监控图像占用的带宽,选择合适的软件平台以及交换机组网;根据系统的交换容量,选择足够的输出容量,以保证多用户调用时的通道数量;选择适合的压缩或非压缩图像,支持大屏幕显示的图像质量;选择更小码流基础上最清晰质量的图像,缩短网络客户端调看图像时的延时等。综合以上对各类系统的分析,可得出表3.1。

各类系统对比　　表3.1

系统类型对比	模拟系统	模数混合系统	数字系统
系统结构	复杂	复杂	简单
系统兼容性	较差	一般	较差
系统造价	低	中等	高
系统可扩展性	较差	较好	较好
系统稳定性	稳定	稳定	较差
系统工程量	较大	较大	较小

从上面的对比中不难看出:每种不同形式的监控系统都发挥着各自的优势,也存在着各自的弊端。随着计算机技术、自动化控制技术和光纤通信技术的发展,高速公路监控系统的技术结构也随之发生变化。当前高速公路监控系统正朝着系统大型化、管理智能化、需求差异化和功能多样化的方向发展。由单一的计算机集中处理方式代之为多计算机功能分散的计算机网络处理方式,从而使系统可靠性提高,程序编制简单,易于维护和功能扩展。可以设想,新一代的监控系统既要求具有高度清晰的图像质量,又要求结构合理,不占用更多的带宽资源;既能够保存分辨率的存储资源,又能随时方便调用;既拥有相对简单的组网方式,又能够在系统出现故障时准确定位及时排查。而能够实现这一设想的根本条件,依托于更加先进的技术、更加完美的工艺以及更加合理的系统设计思想,明天的高速公路监控系统将日趋完善。

3.3 传输方式

3.3.1 同轴电缆传输

(1)通过同轴电缆传输视频基带信号。

视频基带传输是指从摄像机至控制台之间采用视频同轴电缆传输标准的 $0 \sim 6M$ 视频信号。基带传输方式的优点是系统简单；在短距离范围内，失真小、附加噪声低（系统信噪比高）；不必增加诸如调制器、解调器等附加设备。缺点是传输距离不能远、一根同轴电缆只传送一路电视信号、抗干扰能力差等。一般说，大多数电视监控系统摄像机与控制台间的距离都不会太远，无中继放大时一般不超过 40m，所以视频基带传输是最常用的传输方式。

视频基带传输中传输线采用同轴电缆，如型号为 SYV-75-5（国产）。其中 75 表示该种电缆的特性阻抗为 75Ω，5 表示芯线线径。如果传输距离较远，为了减小信号衰减，还可选用 SYV-75-7 或 SYV-75-9 的电缆。

在视频传输系统中，摄像机的输出阻抗为 75Ω 不平衡方式，而控制台及监视器的输入阻抗也为 75Ω 不平衡方式，故为了整个系统的阻抗匹配，其传输线也必须采用 75Ω 的特性阻抗。否则在系统中出现了阻抗不匹配的情况，信号就会产生失真。有时由于阻抗不匹配可能会产生寄生振荡（特别是会产生以视频信号的行同步头为基频的高次谐波振荡），这将严重影响图像的质量。有时虽然从表面上看传输线用的是 75Ω 特性阻抗的同轴电缆，但由于电缆质量不符合标准或其他原因，仍会产生失配现象导致图像质量下降。在传输距离较远时（几百米以上）这种情况更易发生。因而在实际工程中，根据传输过程中出现的失配情况，往往需要在摄像机的输出端串接几十欧姆的电阻后再接至电缆线上，或在控制台或监视器输入端并联 75Ω 电阻以满足匹配的要求。总之，由于阻抗不匹配而产生的图像质量下降问题，对较远距离的视频传输，需要特别注意。

(2)通过同轴电缆传输射频信号。

射频信号是指将视频信号调制到一定的频率上进行传输，也就是采用有线电视的传输方式，通常所讲的"一线通""共缆传输""宽频传输"等就是采用此技术。

采用该技术特别适合于监控点较多和相对集中、距离较远的系统，采用该系统的优点是布线简单、抗干扰能力强。缺点是需增加调制器、混合器、线路宽带放大器、解调器等传输部件，而这些传输部件会带来不同程度的信号失真，并且会产生交扰调制与相互调制等干扰信号;同时,当远端的摄像机相对分散时,也需要分支传输线将各支路射频信号传送至主干线,再经混合器混合后传送至控制中心,以上这些会使传输系统的造价升高。另外,在某些广播电视信号较强的地区还可能会与广播电视信号或有线电视台的信号产生互相干扰等。

此种传输方式适合在远距离的同一方向上集中有多台摄像机的情况下采用。

3.3.2 光缆传输

光纤其结构类似于同轴电缆,由芯线、包层和防护层组成。光纤的截面尺寸以微米标记,生产工艺要求很高,光纤需要包在高抗拉强度的外套内才能在工程中使用,每根光缆内可以有多芯光纤。

当视频信号需要有线传送时,如 1000m 以上,则都需要采用光纤进行传输。光纤传输具有非常高的带宽、低损耗,高信噪比、低失真、抗干扰能力强等诸多优点,对电磁噪声极不敏感,是目前为止最理想的传输介质之一。尤其是不受幅度畸变影响的高数据率数字视频信号,在远程监控网络系统中传输,无一例外使用了光纤。光纤传输的一个最突出优点就是低损耗,也就是传输的距离远。现代的工艺水平已达到光纤的衰减率为 1.0dB/每千米以下,优于同轴电缆衰减率的几十上百倍。

光纤传输使用红外波作为视频信号的载波,模拟视频信号的光纤传送采用密度调制和频率调制方式,即用视频信号直接调制发光设备的发光功率,这一步骤由光发射机完成,光接收机则进行相应的解调接收工作。利用光纤传输的设备如有光发射机、光接收机(工程上通称光端机)、光放大器、光分支分配器等,以实现监控系统的远程或网络视频信号传送。

在电视监控系统中使用光缆传输图像信号,将大大提高图像质量,光缆的传输性能和多功能是同轴电缆所无法比拟的。

光缆传输的主要特点有以下几点。

(1)远距离传输图像信号。

目前,单模光纤在波长 1.31μm 或 1.55μm 时光速的低损耗窗口,每千米衰减可做到 0.2～0.4dB(或以下),是同轴电缆每千米损耗的 1%。模拟光缆多路视频传输系统可实现 20km 无中断传输,这个距离基本上能满足超远距离的视频信号传输。视频信号如要求远距离视频同轴电缆传输,由于同轴电缆衰减大,所以都会增设视频信号补偿放大器,放大器的有效距离一般为数百米(如 500m,按设备厂家不同会有差异),并一般不建议多级放大,如果距离真的过长采用光纤传输较好。

（2）传输质量高。

由于光缆传输不像同轴电缆那样需要中继放大器,因而没有噪声和非线性失真叠加。光频噪声以及光缆传输系统的非线性失真很小,使得光缆多路视频传输系统的传输信号信噪比、交调、互调等性能指标都较高。加上光缆系统的抗干扰性能强,基本上不受外界的影响,从而保证了传输信号的质量。

（3）保密性能好。

光缆多路电视传输系统的保密性能好,传输信号不易被窃取。因此,适于保密系统使用。同时,光缆传输不受电磁干扰,适合于有强电磁干扰和电磁辐射的环境。

光缆传输以下三种形式。

（1）调频（FM）光缆传输。

调频光缆传输可传输多频道高质量信号,且传输距离远。例如,美国吉尔德公司的 RF-700 型 FM 光缆传输系统,一根光缆可传输 16 路电视信号,传输距离达 40km。

（2）数字光缆传输。

数字光缆传输系统无中继噪声积累,无任何交互调失真,在非常长的距离上仍能保持很好的图像质量。一根光纤能传输 6～8 路电视信号。数字光缆传输技术的进一步发展还需要加强数字压缩技术的研究。

（3）多路调幅（AM）光缆传输。

该系统是一种残留边带调幅光缆传输系统,一般的 AM 光纤可传输 40 个频道,且性价比高,发展很快,目前已广泛应用于有线电视系统中。它是电视监控系统中一种很好的传输模式。

3.3.3 微波传输

微波传输是解决几千米甚至几十千米不易布线场所的监控传输的解决方式之一。采用调频调制或调幅调制的办法,将图像搭载到高频载波上,转换为高频电磁波在空中传输。

优点:省去布线及线缆维护费用,可动态实时传输广播级图像。

缺点:由于采用微波传输,频段在 1GHz 以上,常用的有 L 波段（1.0～2.0GHz）、S 波段（2.0～3.0GHz）、Ku 波段（10～12GHz）,传输环境是开放的空间很容易受外界电磁干扰;微波信号为直线传输,中间不能有山体、建筑物遮挡;

Ku 波段受天气影响较为严重,尤其是雨雪天气会有严重雨衰现象。

3.3.4 网络型数字化传输

未来的网络型安防系统,主干技术将会完全以基于 IP 网络架构和光纤技术为主导。资源共享、快速反应、及时应对、有效处理已经成为安防行业的新要求。视频监控可以应用网络、本地、远程、无人、不定时等多种手段,布线则有总线、星形、树形、环形、综合型等多种类型,实现数据授权互动共享、行动协同配合,这都将是未来安防产业的发展趋势。

网络型数字化电视监控系统中需使用网络摄像机来采集图像信息,网络摄像机是指可直接接入网络的数字摄像机(Network Camera 或 LAN Camera)。它包含 CPU,并由编解码芯片完成对图像及声音的压缩和动态录像的回放。此类摄像机拍摄的图像既可传送给个人计算机,也可以加到 Web 站点的主页上,或者附在电子邮件中发送,故也被称为 Web 摄像机。它将是未来应用的主流。网络摄像机可在任何 TCP/IP 网络环境中即插即用,通过 Internet 或 LAN 网作实时影像传送,实现远端监控。

通过局域网实现的数字视频监控系统是将传统的 CCTV 监控系统融入 LAN 中,系统将摄像机摄取的模拟图像信号转换成数字图像压缩信号,通过计算机网络传输,并使网络内的计算机都能成为监控终端,不受地域的限制。系统还通过添加视频服务器实现与模拟系统的连接,系统通过客户工作站和软件配置即可实现网络视频监控和对系统进行管理。

(1)数字视频服务器。

每个视频服务器是模拟 CCTV 设备到 LAN 间的接口,其又可分为视频编码器和视频解码器。在监控前端,模拟摄像机的视频输出、云台和镜头的控制信号、模拟音频信号及其他信号(如报警信号)为了能在网络上传输,需要视频编码器对各信号进行数字化和压缩,并按网络协议要求上传网络。在实际应用中,用户可按要求不同,采用具有相应图像数据压缩标准的视频编码器。而在终端,数字视频解码器对压缩的编码信号(包括视频、音频、报警信号等)进行实时解码,可实现电视墙和报警联动等功能。

多个数字视频服务器之间利用 TCP/IP 协议进行通信,并且预分配公用信息。

就整个网络数字监控,系统还会有设备管理、图像存储回放管理、图像转发管理、预置视频报警记录、视频动态检测、视频丢失检测,甚至智能视频分析等功能。

（2）客户工作站。

它是操作和管理的终端，有友好的用户界面，通过点击鼠标即可完成操作监控。在每个客户工作站上用户可控制系统内的摄像机，可以执行报警/动态监测/记录控制功能，还可以远程访问网络的管理功能。

（3）网络管理服务器。

它是为网络设备（客户工作站、视频服务器、网络摄像机等）和信息流设计的，用于用户、设备和数据管理。在其控制下，LAN用户在访问监控服务器前须先注册，注册包括摄像机的使用限制、控制限制、优先级、信息路由分配等。

3.4 传输方法

每种传输方式都有自己的适应性和优异之处，又有不足之处。传输方式是否得体不是看其方式本身如何，而是看其是否适用于应用场所。

对于传输三四百米内的监控环境，采用视频基带传输方式比较好，其频率损失、图像失真、图像衰减的幅度都比较小，能很好地完成传送视频信号的任务。如果传输中存在高压设备、交流变频器、变电站等干扰源，则应选择宽频共缆、双绞线传输方式，以保证视频传输质量。

对于传输距离较远的监控环境，建议采用光纤传输，光纤传输具有衰减小、频带宽、抗电子电磁干扰强、重量轻、保密性好等众多优点，已成为长距离视音频及控制信号传输的首选方式。

有的监控环境比较复杂，且布线难度比较大，可选用微波方式传输监控信号，既不用布线又可以解决信号远传问题，但在南方降雨较多的区域应该慎用，防止下雨天气监控信号受雨衰影响。

对于跨城区、超远距离或已有内部局域网的监控环境来讲，监控信号传输可选用数字网络传输方式，通过把视频或控制信号转换成数字信号在网络上传输，用网络监控软件对监控信号进行多方监看和控制。但由于受网络带宽和视频压缩比的限制，图像指标不容乐观，用于普通的监看还可以。

对于点位较多、点位分散、传输距离几百米至几千米的监控环境，或是煤矿、电厂、船厂等存在严重视频干扰源的监控环境，宽频共缆监控传输方式具有非常大的优势。一根同轴电缆传输几十路的图像和控制信号，大大减少了电缆使用量，极大地降低了电缆敷设的施工量；把图像直接调制到高频载波上传输，远远绕开了常见视频干扰 $0 \sim 10MHz$ 的干扰频段，使系统抗干扰性能大大提高。

3.5 传输协议

3.5.1 通用视频传输协议

目前在网络视频监控系统中使用的传输协议主要有 TCP 协议、UDP 协议和 RTP 协议。

TCP 协议是一种面向连接的通信协议,内嵌了流量控制和拥塞控制机制。UDP 协议是基于报文投递方式,无连接的传输协议。RTP 协议针对视频会议、网络电话等多媒体业务专门设计的传输控制协议,RTP 协议位于 TCP 和 UDP 协议之上,在底层实际是利用 UDP(或 TCP)协议完成对音/视频数据的传输。

主要传输协议在嵌入式网络视频监控系统中应用效率分析:网络视频监控系统是典型的流媒体应用,与普通数据传输相比有很大不同。首先,流媒体数据为保证实时性,用户的最小带宽必须得到保证,以便提供有效服务。其次,流媒体传输能够容忍一定程度的丢包,不要求传输数据 100% 正确,但对网络延时很敏感,因此不适合采用延时较长的差错控制机制。

因此,TCP 协议面向连接和三次握手等特性,在网络环境复杂时能够保证流媒体数据包的可靠传输,但会导致较大延时。TCP 协议采取的检错重传机制也增大了传输的时延,从而影响网络视频监控系统的实时性能。在局域网环境下,TCP 协议面向连接的特性会将共享通道复用成点对点的通信方式,不利于组播或广播的实现。这对网络视频监控系统而言,会造成较大的带宽浪费。同时考虑到 TCP 协议的慢启动和阻塞窗口线性增长成倍减小过程,在局域网环境下,网络吞吐量也会受到影响。因而在局域网这种网络可靠性有保证的环境中,使用 TCP 协议传输视频监控数据不利于最大限度地利用网络带宽资源。

UDP 协议由于没有 TCP 协议复杂的控制机制,因而最大限度地减小了传输阶段的延时。在网络链路可靠的局域网环境内能有效保证实时性。但 UDP 协议没有对数据包编号。而且采用检错放弃的机制,在网络环境复杂的情况下不能保证数据的完整性和顺序性。因此需要监控端程序对数据进行额外处理,同时也会对音视频数据的同步产生不良影响。

RTP 协议虽然有效地弥补了 TCP 协议和 UDP 协议在传输流媒体数据上的不足,但其自身也存在着一些缺陷。首先,RTP 协议必须和 RTCP 协议配合使用,且需要在 TCP 或 UDP 协议基础上实现,因而加大了传输程序的复杂度,在某些资源有限的嵌入式设备无法实现。其次,RTP/RTCP 协议采用的是反馈控制机制,在会话期间,传输参与方会周期性地传输 RTCP 数据包,通过统计已发送数据包数量、丢包率等信息动态调整传输速率,这将会导致带宽利用率的降低。

3.5.2 高速监控视频传输协议的制定

目前国内的视频监控技术发展迅速,已经基本从传统的模拟监控过渡到了数字网络监控时代,但是在数字化的监控时代,并没有国家或者组织强有力的推动统一的标准协议,虽然音频与视频的传输基本统一,但是其他的控制协议等还处于厂家各自为政的阶段,由于厂家为了自己利益屏蔽对手的原因使得这些协议没有统一的标准,给用户的产品选型造成了困难,也不利于后期的升级和功能拓展。

近年来高速公路高清视频监控的大规模建设中就遭遇到了网络传输协议不统一带来的诸多问题,迫切需要一个统一的协议来规范。虽然之前制定过 ONVIF 标准协议,能够实现音视频的对接问题,但是 ONVIF 协议并没有对控制协议做出强制要求,导致各家安防设备厂家都宣称支持 ONVIF 协议,但是真正能实现完全对接的却很少。在这样的情况下公安部一所联合国内主流的安防厂家共同制定了《安全防范视频监控联网系统信息传输、交换、控制技术要求》(GB/T 28181—2011)(以下简称 GB/T 28181 协议),并于 2012 年 6 月 1 日正式发布实施,该协议方便了视频监控系统的互联互通,推动了安防领域的协议标准化。此规范不仅给出了详细的文本说明,并且提供开发的测试环境,这就保证了监控设备的稳定互联。

高速公路高清视频监控设备的标准制定也应本着增加设备兼容性,实现互联互通来制定。各地高速公路管理部门也意识到标准协议的重要性,牵头制定了自己的高清视频监控协议。这些协议具有以下几个方面的优势。

(1)根据高速公路领域的需求制定自己的网络监控协议,可以根据本领域的实际情况,制定具体的协议,方便协议的扩展,更加灵活方便。

(2)使用私有协议,数据传输的安全性更好。

但是,尚没有全国性的高速公路视频监控协议标准,因此这些协议也有一些缺点,具体如下。

①高速公路视频监控系统与其他系统难以对接。如果今后高速公路的监控系统与其他监控系统需要对接,由于协议的不统一而很难实现,例如如果高速公路监控系统纳入到公安部监控网络就难以实施。

②使用私有协议,限制了监控设备可选型的种类。考虑到改变协议而增加的成本,绝大多数的设备供应商不会增加该协议,购买视频监控设备就需要单独进行

定制,势必会增加设备采购周期以及定制费用。在日后的设备更新换代中都会受限于此。

③协议制定得不够细致。一般在制定协议时都考虑到了基本的音视频传输以及报警控制协议,作为基本的视频监控已经足够,但是还不够细致。

关于 H264 压缩算法描述得比较笼统,没有具体说明宏块、压缩比等内容,这样容易造成编码器与解码器的不兼容问题,比如之前的安霸编码芯片就与多家的 NVR 解码设备存在不兼容问题。H264 压缩算法建议参考 GB/T 28181 协议中的"J.1 基于 H.264 的视频编、解码技术要求"。

关于报警,报警类型在协议中没有定义具体的报警事件,建议将报警类型完善,方便设备厂商增加协议,减少不必要的人为沟通。

建议增加 SONY 的 VISCA 协议,该协议主要是相机设置参数协议,能够控制彩转黑、白平衡、饱和度等众多参数。

增加对于视频延迟以及丢帧丢码等问题的要求,例如在有线宽带条件下延迟不能超过 300ms,在无线 4G 情况下延迟不能超过 400ms 等;网络环境正常情况下丢帧率不能超过 1/1000,丢码率不能超过 1/10000。

随着今后处理器的发展,智能算法会越来越多地集成到前端摄像机中,这也就要求协议中增加事件以及图片的传输协议,并且协议中预留车牌识别等内容。

建议提供协议文本的同时能够提供协议测试的平台软件,方便厂家定制开发,减少现场调试的时间,加快项目进度。在目前的平台基础之上增加这个测试环境并不复杂。

在今后的高速公路视频监控领域,各个厂家以及各个领域的私有协议肯定在一定时期内会继续存在,但是在大的系统之下,使用通用的协议将会更加方便,不仅市场上的产品丰富,并且采购成本也将更低。所以在高速公路领域我们更建议使用 GB/T 28181 协议,因为该协议基本上比较完善,并且协议内容更加丰富仔细。使用 GB/T 28181 将会使互联互通更加简单,并且减少监控系统的重复建设,节约社会资源。高速公路管理部门可以结合 GB/T 28181 协议,做好协议的扩展以及增加该协议的便利性。

3.6 传输设备

由于均采用网络摄像机(H.264 压缩格式),结合项目实际情况,在综合考虑视频传输系统的稳定性和可靠性的基础上,视频传输系统具体方案如下。

系统通信中心设置核心视频交换机,各收费站内设置站内视频交换机。

（1）所有路段监控外场图像利用单路光纤收发器提供的 10/100M 以太网接口卡传输至就近通信站，接入站内视频交换机，利用通信系统以太网通道全部上传至系统通信中心，实现图像传输、管理以及综合使用。

（2）在收费广场设置收费广场视频交换机，与站内视频交换机组成 2 芯光纤环网。收费车道和绿色通道摄像机采用光纤收发器传输至站内视频交换机。如图 3.4 所示。

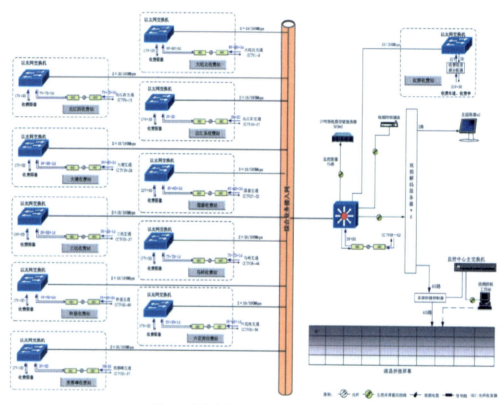

图 3.4 肇花高速公路视频传输系统构成图

第4章 视频压缩和存储

4.1 视频压缩编码

在视频监控系统中,视频数据的压缩编码是一个关键技术。压缩技术的基本原理就是将视频文件中的非重要信息过滤,以便让数据能够更快地在网络中传输。目前主要的图像压缩标准有 MPEG-2、MPEG-4、H.263 和 H.264 等,其中 MPEG-4 是新一代的图像压缩技术标准,它能利用很窄的带宽,通过帧重建技术压缩和传输数据,使得能够以很少的数据获得较佳的图像质量,是目前使用广泛的标准。然而其标准兼容性问题是其发展中的"心头大患"。目前,MPEG-4 标准派生出各种规格,例如 DivX、XviD 等,从而导致各种 MPEG-4 规格的兼容性很差。

H.264 标准是由 JVT(Joint Video Team,视频联合工作组)制定的新的视频压缩编码标准,该标准被 ISO 接纳,称为 AVC(Advanced Video Coding)标准,是 MPEG-4 的第 10 部分。在同等的图像质量条件下,H.264 的数据压缩比比当前 DVD 系统中使用的 MPEG-2 高 2~3 倍,比 MPEG-4 高 1.5~2 倍。正因为如此,经过 H.264 压缩的视频数据,在网络传输过程中所需要的带宽更少,也更加经济。在技术上,H.264 采用混合编码结构,加强了对多种信道的适应能力,对于误码和丢包进行了适当的处理。由于 H.264 可满足不同速率、不同解析度以及不同传输场合或存储的需要,因而其应用范围相当广泛,很有可能取代目前的 MPEG-4 标准成为未来的视频压缩标准。

系统需要对多个分散的目标场所进行监控,并且要求较高的图像质量,因此采用高性能的 H.264 视频压缩标准对视频信号进行压缩。由于 H.264 编码采用分层设计、多帧参论、多模式运动估计、改进的帧内预测等方法,因此计算复杂度大大增加,在监控主机系统中,为获得较高的编码效率,降低成本,采用硬件编解码方案;在客户端则采用基于软件的编解码方案。综合考虑价格、性能等因素,选择海康威视压缩解压卡进行压缩编码,每张卡可实现四路视音频信号的采集和压缩,同时随卡附送一套 SDK,提供完善的编程接口和开发文档,采用 Visual C++ 软件,调用 SDK 中的函数,可以方便地实现系统功能。监控主机系统采用消息机制来读取和存储视频文件,当视频压缩卡采集到视频数据后,即通过驱动程序向应用程序发送"数据准备好"的消息,由消息处理函数读取和存储视频数据。下面仅给出采用对话框方式实现的程序片断。

//file:stdafx.h
// 在其中添加如下语句,注册消息
#define DATA READY T("data ready")
static const UINT MsgDataReady=::RegisterWin-dowMessage(DATA READY);
//file:DemoDlg.cpp
// 对话框初始化,调用开发包提供的函数,注册接收消息
窗口句柄
BOOLCDemoDlg::OnInitDialog()
{
...
RegisterMessageNotifyHandle(m hWnd,MsgDataReady);
...
}
// 在消息映射部分添加下面语句,映射消息处理函数
ON_REGISTERED_MESSAGE(MsgDataReady,On-DataReady)
/ 消息处理函数
int CDemoDlg::OnDataReady(UINTchannelNum,INTlparam)
{
...
// 添加下面的语句读取和存储视频数据,其中 Chan-nelHandle[channelNum] 为通道
//channelNum 的句柄,gFileHandle[channelNum] 为通道 channelNum 的视频文件句柄
//StreamBuf 为数据缓冲区,//length 为数据长度,frame-Type 为帧类型。
status=ReadStreamData(ChannelHandle[channelNum],StreamBuf,&length,&frameType);

write（gFileHandle[channelNum], StreamBuf, length）;
...
}

4.2 存储设备

4.2.1 早期存储设备

在早期的监控系统设计和应用阶段,长时间录像机是记录监控图像最有效的途径,有模拟式记录和数字式记录两大类。模拟视频磁带录像机(VCR)采用传统的模拟视频进行直接录像,不需要额外压缩和转换。用于视频监控系统的磁带录像机大多数都采用长延时录像机。长时间录像机是将摄像机信号记录于磁带上的一种磁记录设备,其特点是通过普通的 180min 的磁带记录长达 24h 甚至于 960h 的摄像机信号,从而极大地节省了磁带,便于管理。长时间录像机的磁头是走停相间的,也就是说通过损失一定的画面时间来换取长延时效果,故其回放的图像将会有明显的延时效果。长延时录像机按照录像时间分为:72～960h 时滞式(以时间分割方式断续记录图像,一般时间间隔在 4s 内)、24h 时滞式(在 0.02～0.2s 的时间间隔)和 24h 实时型(连续方式记录)三种;按照制式分为:VHS(Video Home System "家用录像系统")模式和 S-VHS(Super-Video Home System)模式两种。其中,VHS 模式的录像机电视水平清晰度可达 250 线左右,S-VHS 模式的录像机可达 400 线左右。鉴于磁带录像操作烦琐、保存烦琐、录像时间也特别短,随着硬盘录像机的技术发展,磁带录像机逐渐被淘汰。

4.2.2 中期存储设备

随着图像压缩技术和计算机硬件技术的发展,在视频监控从模拟向数字化发展的进程中,硬盘录像机(DVR)的出现开创了一个数字监控时代。其图像压缩格式有 MPEG1、JPEG、WAVELET 等多种方式,以计算机硬盘作为存储介质,同时可存储多路图像。在计算机网络技术的支持下,使通过网络进行远程监控成为现实。图像经过计算机处理后,检索查询、备份、打印变得十分方便。从 2006 年开始,视频监控产业开始进入网络化时代,市场对 DVR 的网络化功能及网络适应性要求越来越高,推出 DVS(网络视频服务器)产品。由于 DVC 产品强大了网络功能,却降低了本地管理和控制能力,其显然无法涵盖 DVR 的原有市场。而 DVR 作为数模混合产品,又始终没有走出其半数字半模拟的尴尬境地。在监控市场网络化需求下，2007年开始，被称为DVR的取代者——NVR概念被频繁提及。硬盘录像机（DVR）是半数字半模拟的录像机，输入信号和主要输出信号都是模拟的，半数字是指存储方式和网络输出方式都是数字的。DVR采用的是数字记录技术，在图像处理、图像储存、检索、备份，以及网络传递、远程控制等方面也远远优于模拟监控设备，功能齐全，影像录制效果好、画面清晰，并可重复多次录制，能对存放影像进行回放检索。市面上主流的DVR，采用的压缩技术有M-JPEG、MPEG-2、MPEG-4、H.264，而MPEG-4、H.264是国内最常见的压缩方式。按系统结构分为两大类：PC式DVR和嵌入式DVR。网络视频服务器（DVS），主要实现模拟视音频信号的IP化。经数字化的视音频编码数据通过IP网以IP包形式传送给多个远端PC或网络视频解码器，实现视音频的远程传输、网络监控和网络存储。大多采用高速嵌入式处理器和嵌入式实时操作系统，产品稳定可靠。具有占用带宽资源少、接入方式多样、图像质量和码率灵活可调的特点。支持远程云镜控制和远程报警管理，是一种压缩、处理音视频数据的专业网络传输设备，由音视频压缩编解码器芯片、输入输出通道、网络接口、音视频接口、RS485串行接口控制、协议接口控制、系统软件管理等构成，主要是提供视频压缩或解压功能，完成图像数据的采集或复原等。

  DVS与DVR的对比如下。

  （1）DVS一个显著的特点就是其系统基于网络进行架构，将视频系统的采集压缩、传输、存储、检索、显示、管理等功能模块进行网络化；DVR可单机系统运行操作，也具备网络界面。

  （2）DVS更多考虑网络的视频传输效率和质量；DVR更多考虑保证本地存储的可靠性。

  （3）DVS采用分布式架构，可将多台DVS就近接在各个监控点；DVR采用集中式架构，需将所有视频信号拉到录像机上。

  （4）DVS必须在网络上才能有用，无法单独使用，一旦网络失效，DVS就失去作用，DVS无法与其系统割裂开来单独运行；DVR可以单机运行而自成一体。

  网络硬盘录像机（NVR），也可称为混合型DVR，实际上是在DVR的基础上，增加了对视频编码器、网络摄像机的接入，即除了自身具备硬盘录像机的功能外，还可以存储一些视频编码器、网络摄像机的视频数据。在NVR系统中，前端监控点安装网络摄像机或视频编码器。模拟视频、音频以及其他辅助信号经视频编码器数字化处理后，以IP码流形式上传到NVR，由NVR进行集中录像存储、管理和转发，NVR不受物理位置制约，可以在网络任意位置部署。NVR实质是个"中间件"，负责从网络上抓取视频音频流，然后进行存储或转发。NVR是完全基于网络的全 IP 视频监控解决方案,基于网络系统可以任意部署。主要分为两大类:一种是基于 SOC 所谓基于硬件的嵌入式系统产品;一种是以工业级计算机的系统产品,软解压的方式产品。

NVR 与 DVR 的对比如下。

(1) NVR 不可独立工作、自成系统,NVR 需与前端 IP 摄像机或 DVS 配合使用,实现对前端视频的存储和管理。DVR 可直接连接模拟摄像机进行视频获取、编码压缩、存储和管理,完全可以自成系统独立工作。

(2) NVR 的部署灵活,而不受物理位置限制。DVR 由于直接与模拟摄像机连接,物理位置受制于现场设备的布局,有一定的局限性。

(3) NVR 可采用各种方式进行存储,如 DAS、SAN、NAS 等,可采取各种级别的 RAID 技术实现数据保护。DVR 系统,存储通常是由 DVR 内部挂接的多块硬盘或外挂磁盘阵列完成。

(4) 对高清的支持是 DVR 无法与 NVR 抗衡的一个关键功能。NVR 系统是真正的数字化、网络化、开放化的系统,配合前端高清摄像机可以实现真正的高清存储与视频转发。DVR 无法实现真正的高清视频,最多支持 D1 分辨率。

(5) NVR 采用开放的 IP 架构,具有良好的集成能力。DVR 系统中,较少考虑不同厂商系统间的兼容性,不利于集成。

(6) NVR 是纯粹数字化,输入输出、存储都是 IP 数据和经过压缩编码的视频数据,没有视频接口,只能插网线。DVR 对模拟摄像机采集到的模拟视频进行编解码并且存储在硬盘中。

(7) NVR 监控系统的全网管理是其一大亮点,它能实现传输线路、传输网络以及所有 IP 前端的全程监测和集中管理;DVR 无法实现传输线路以及前端设备的实时监测和集中管理。

(8) NVR 系统可支持中心存储、前端存储以及客户端存储的存储方式,并能实现中心与前端互为备份,在存储的容量上可满足海量的存储需求。DVR 无法实现前端存储,一旦中心设备或线路出现故障,录像资料就无从获取。综上所述,DVR 和 DVS 实际上是一样的,只不过 DVR 更侧重于录像回放,而 DVS 侧重于将视频模拟信号转变为 TCP / IP 数字信号可以在网络上传输,或者说 DVS 只是个传输设备。而 NVR 则是 DVR 的加强版,并没有最本质的变化,只不过视频输入源由 DVR 单纯的模拟信号转变为模拟信号和数字 IP 信号混合输入。

4.2.3 后期存储设备

伴随着延长保存周期、高清摄像机的应用,硬盘录像机模式逐步暴露不足:硬盘录像机容量有限,不易扩展,延长保存周期时,不能提供足够的存储空间;硬盘录像机硬盘非冗余模式工作,数据容易丢失;硬盘顺序工作,减少硬盘损耗,检索与回放性能较差;设备分布式放置,设备维护较为困难;数据保存较为分散,不能实现数据的集中存储和管理;分布式存储形成信息孤岛,不能实现互通互联;网络摄像机的大量应用,数据存储亟待解决。网络数字化视频监控系统的发展日趋成熟,图像和视频存储技术遇到的问题就是数据量大,对视频数据存储提出了新的要求。

(1)直连存储(DAS)

其是一种将存储介质直接安装在服务器上或者安装在服务器外的存储方式。例如,将存储介质连接到服务器的外部 SCIC/ISCSI 接口或光纤通道上。在高速公路存储上主要采用的形式是服务器+磁盘阵列模式。初期被理解为只能用于小型的存储系统,但随着磁盘阵列容量的不断扩大,加之 IP 服务器的广泛应用,在整个企业存储市场,从几十到几百 TB 的应用规模,PC 服务器结合磁盘阵列的模式是最主流和性能价格比最好的方案。

DAS 直接连接到计算机,但是不能在直连的同时供其他客户端访问。一个 DAS 设备完全依靠主机(计算机),因此 DAS 可以是个人用户的有效选择,但很难为多用户服务。此外,DAS 技术的数据安全性较差,难以备份/恢复;性能一般,可扩充性差,容量有限;数据被存放在多台不同的服务器上,难于访问,不支持不同操作系统访问。而高速公路视频监控系统图像规模大,涉及地域广,存储时间长,对存储安全性及扩展性、易用性等方面要求高,因此 DAS 的存储方式不能满足高速公路业务需求。

优点:在磁盘系统和服务器之间具有很快的传输速率。在 DAS 环境中,运转大多数的应用程序都不会存在问题。在只考虑硬件物理介质成本的情况下,是价格便宜的一种存储机制。

缺点:该架构对于分布式存储是个比较好的方案,但无法提供跨平台的支持。存储系统依附于服务器,可扩展性差,管理成本较高;存储空间受限,当存储容量需增加时,不易扩展,扩充容量则需关闭整个系统。存储数据无法被其他服务器共享,远程管理不方便,很难为多用户服务。一旦服务器出现异常时,数据将不可获得,数据安全性差,容错性差;考虑到管理开销和存储效率等方面的因素,价格也不占有绝对优势。

伴随着信息技术的发展及大规模数据存储的需求,数据存储从原先的以服务器为中心的存储方式转变到以设备和网络为中心的网络核心存储架构,网络存储技术得到普及及发展。网络存储主要可分为 NAS(网络附加存储或网络直连存储)和 SAN(存储区域网)两种形式。

(2)网络直连存储或网络附加存储(NAS)

其是一种向用户提供文件级服务的专用数据存储设备,直接连到网络上,不再挂接服务器后端,避免给服务器增加 I/O 负载,但在数据传输时会增加网络负担,一旦发生网络拥塞,其性能会大幅下降,受网络传输能力制约。

NAS 是一种文件共享服务。拥有自己的文件系统,通过 NFC(Net File System,网络文件系统)或 CIFS(通用 Interet 文件系统)对外提供文件访问服务。NAS 包括存储器件(例如硬盘驱动器阵列、CD 或 DVD 驱动器、磁带驱动器或可移动的存储介质)和专用服务器。专用服务器上装有专门的操作系统,通常是简化的 unix/linux 操作系统,或者是一个特殊的 win2000 内核。它为文件系统管理和访问做了专门的优化。专用服务器利用 NFC 或 CIFS,充当远程文件服务器,对外提供文件级的访问。

优点:独立于操作平台之外,将传统的文件服务的读写操作与应用程序的读写操作分离开来,不承受大量占用 CPU 的操作,将存储设备与服务器彻底分离;具备文件系统级别的智能化处理能力,完全以数据为中心,支持不同类型和平台下的文件共享,对数据实行集中式管理;具备交叉协议用户安全性/许可性;可在不中断网络的前提下,增加和移除服务器。容易安装且使用和管理都很方便,实现即插即用;NAS 存储成本较 SAN 低廉,存储空间容易扩展。非常适合于传输小数据量的网页服务和文件服务(常用文件的存储),这两种应用都需大量的磁盘空间,但很少要求直接对服务器进行数据访问。

缺点:在拥有相同的存储空间时,成本比 DAS 要高很多;获得数据的最大速率受到连接到 NAS 的网络速率的限制;对于数据库存储和 Exchange 存储这种要求高使用率的任务,不很适合,这与所谓的文件级数据访问和块级数据访问有关系。在文件级访问系统中,数据访问通过文件名字来实现;在块级访问系统中,数据访问通过数据块地址来实现。使用 DAS 和 SAN 解决方案中提供的块级访问可以更为有效地实现数据库存储和 Exchange 交换存储中的数据访问。采用的是较高端应用层面的 NFS(网络文件系统)协议和 CIFS(通用网络文件共享)协议,延长了系统响应的时间,数据传输率或系统稳定性较 SAN 略逊一筹。因此不适合在对访问速度要求很高的场合应用,不适合用于满足事务型大数据量的持续数据传输和存储需求。

(3)存储区域网络(SAN)

其是目前应用范围最广泛、数据传输速度最快的产品。SAN 是最昂贵和最复杂的存储选项,是将存储设备真正与服务器彻底分离,可扩展性较高。

SAN 的一个概念是允许存储设备和处理器（服务器）之间建立直接的高速网络（与 LAN 相比）连接，通过这种连接实现只受光纤线路长度限制的集中式存储。它使用局域网（LAN）和广域网（WAN）中类似的单元（路由器、交换机和网关等），实现存储设备和服务器之间的互联。SAN 可在服务器间共享，也可以为某一服务器所专有，既可以是本地的存储设备也可以扩展到地理区域上的其他地方，以多点对多点的方式进行管理。可实现存储的集中管理，能充分利用那些处于空闲状态的空间。真正综合了 DAS 和 NAS 两种存储解决方案的优势，是一个完全冗余的存储网络，具有只能在 NAS 中存在的几百 T 字节的存储空间的良好扩展性；同时具备只能在 DAS 中存在的块级数据访问功能，在数据访问方面同时具备合理的速度，对于要求大量磁盘访问的操作来说，SAN 具有更好的性能。

SAN 解决方案有以下两种形式：光纤信道 FCSAN 以及 ISCSI 或者基于 IP 的 SAN。

光纤信道 FCSAN 方案性能是最稳定的，缺点就是成本较昂贵，扩展能力差，兼容性差；ISCSI 最大的优点就在于：为用户节省了购买主机总线适配器和光纤交换机的费用，价格低廉，系统管理难度大大降低。

IP SAN 存储技术，是在传统 IP 以太网上架构一个 SAN 存储网络把服务器与存储设备连接起来的存储技术，是在 FC SAN 的基础上，把 SCSI 协议完全封装在 IP 协议之中。简单来说，IP SAN 就是把 FC SAN 中光纤通道解决的问题通过更为成熟的以太网实现，为服务器提供块级服务。IPSAN 网络介质采用标准以太网，ISCSI 技术起步晚，是实现 IP SAN 最重要的技术，是运行在 TCP/IP 之上的块模块协议。

IP SAN 技术有其独特的优点：节约大量成本、加快实施速度、优化可靠性以及增强扩展能力；采用集中的存储方式，极大地提高了存储空间的利用率，方便用户的维护管理；由于采用的 IP 网络技术相当成熟，IP SAN 减少了配置、维护、管理的复杂度；基于以太网技术可实现无速度、无距离、无容量的限制。

4.2.4 新一代存储方案

在当前主流的视频监控应用中，存储的数据不再是简单的录像数据，而是监控资源使用部门对图像进行分析的数据源，监控系统的应用模式决定了其中的存储系统必须能够同时支持高级别的安全性、丰富的权限管理功能、数据的高共享性、数据读取和写入的高性能以及具有灵活的扩展性。新一代视频监控方案的存储系统应基于 SAN 架构，提供一个性能稳定的数据高速存取平台，通过集中存储构成一个大的存储池，实现集中管理、集中存放、集中调用等功能，是视频监控系统中最适合集中存储的架构。

搭建 IP SAN 网络存储架构,采用专业数据存储的磁盘阵列,改变数据存储方式,可解决硬盘录像机的上述不足。IP SAN 存储系统可应用于路段中心、监控分中心、监控中心,集中存储前端录像信息,通过监控中心实现图像的实时预览、历史图像回放。根据存储系统的部署可分为分布式集中存储和集中式存储。分布式集中存储模式主要应用于多级监控系统,每一级监控中心保存所管辖区域的监控录像,上级监控中心可调取下级监控中心图像。集中式存储模式是将所有的监控图像经过网络集中存放在监控中心的存储设备内,真正实现了数据的集中保存和管理。

IP SAN 存储方案的优势在于:存储设备提供较多的硬盘通道,支持多种规格硬盘,设备扩展性强,方便后期扩容;硬盘并发写入,读写性能更高,满足监控多路并发写入的性能要求;多种硬件、软件冗余机制,设备可靠性更高;传输带宽更灵活,存储区域网络可以建设成千兆网络,也可以建设成百兆网络;能够最大限度地满足前端设备的存储压力需要;无论是模拟摄像机还是网络摄像机的录像,都能得到高效的存储。

综上所述,从监控应用的需求角度出发,IP SAN 在性能、功能以及拥有成本等角度上更适合视频监控应用。针对高速公路大规模视频监控的应用,提出 DVS(视频服务器)+IP SAN 为核心的网络数字监控存储系统解决方案。具体方案如下:视频服务器接收到 DVS 发送的数字视频流后,将其存储在后端的 IP SAN 存储中;配置服务器对整体系统的权限、级别以及存储内容进行统一的管理、配置;远程客户端依据配置服务器发放的权限,通过以太网访问 IP SAN 存储中的数据库来对监控录像进行回放、图像的再分析等。此方案部署简单、使用方便,可以利用现有网络资源,提供 SAN 架构的服务。由于使用了 IP 协议进行数据传输,因此不存在距离限制并且可以实现容量的无限扩容,在提供 SAN 架构服务的同时,大大降低了整体系统的实施成本以及后期维护成本。

4.3 手持终端

4.3.1 移动视频监控系统的组成

无线视频监控系统目前可分为三大类:基于无线局域网(WiFi)基于无线城域网(WiMAX)和基于移动通信网络,此外对音视频质量要求不高的应用中也可以采用低端的无线数据传输网络。随着移动通信技术的不断发展和 3G 网络的成熟以及 LTE 网络商用时代的到来,基于移动通信网络的视频监控技术将逐步走向成熟和稳定。

传输线路的建设成本方面,基于公共的移动通信网将大幅降低系统的组网成本,在满足音视频数据传输带宽的同时更经济、便捷地组建起无线视频监控系统的传输网络,更快地建立突发状况时现场应急指挥中的无线通信。国内高速公路应急指挥信息系统的主要功能集中在省级应急指挥中心,在发生重大突发事件情况下才需要实施现场的应急指挥工作。由于传统的移动通信车在道路交通损毁的情况下无法及时赶赴现场,这时候就需要更为灵活的应急指挥平台供现场人员使用,做到指挥员在现场能够迅速地了解数据中心掌握的信息,实施有针对性的现场应急指挥。此时基于移动通信网络的智能终端应急指挥平台将弥补上述不足,发挥出突发状况下现场应急指挥的作用,移动视频监控系统的组成见图 4.1。

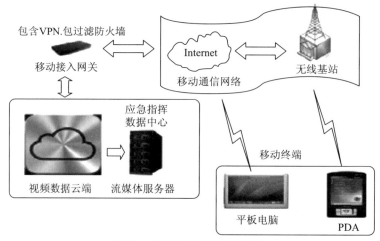

图 4.1 移动视频监控系统组成图

iOS 是由苹果公司开发的手持设备操作系统,目前主要应用的产品有苹果公司的 iPhone、iPod touch、iPad 和 Apple TV 等,因其系统安全性和硬件兼容性的优异表现尤其受到企业级用户的青睐。选取 iPad2 设备作为移动终端,在 iOS 系统平台上进行客户端视频监控的软件开发。

作为一款智能终端操作系统,iPhone OS 的技术实现包括核心 OS(Core OS)层、核心服务(Core Service)层、媒体(Media)层和 Cocoa Touch 层,系统层次架构见图 4.2。应用软件基于这四层提供的接口,利用 Objec-tive-C、C 和 C++ 语言实现监控程序的开发(见图 4.3)。

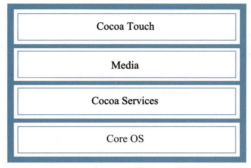

图 4.2　iOS 系统层次架构

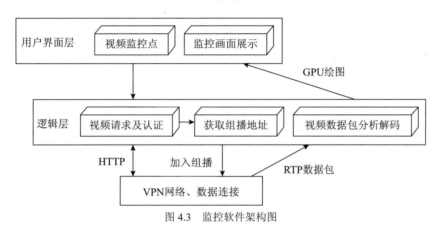

图 4.3　监控软件架构图

4.3.2　软件关键技术

视频监控点的分布界面设计中，引入了 Cocoa Touch 层的 MapKit. Framework 中的实时电子地图作为视频监控点的展示界面，采集各监控点的地理位置信息即经纬度信息，通过编程的方式在地图上标注出高速公路上视频监控点的分布图，以人性化的界面供用户进行各路段上视频监控点的选择并实现监控画面的播放。

视频压缩内容采用 H.264 标准的形式，通过 RTP 协议封装进行网络视频数据包的组播，由于 RTP 不保证传输的顺序性，因此在移动接收端解码 H.264 的视频流过程中将按照 RFC3984 协议中规格的 H.264 视频的 RTP 封装格式，进行缓冲和排序重组再送入解码库 FFmpeg 中进行视频帧的解码。

网络视频在进行 H.264 压缩编码前，首先由采集到的视频图像进行第一次压缩，即由 RGB24 格式的图像转换为 YUV420 的图像。在系统中进行 H.264 编解码前后的帧格式就是 yv12 格式的图像数据，分辨率在 CIF 到 D1 之间，在 iOS 系统中，为了流畅地播放出监控视频的画面，将采用 CPU 解码配合利用 GPU 硬件加速接口的 2D 图像渲染技术进行实现。

（1）RTP 视频数据包的缓冲排序。

H.264 编码分为视频编码层（Video Coding Layer，VCL）和网络提取层（Network Abstraction Layer，NAL）。VCL 是视频内容的核心压缩内容的表述，NAL 通过特定类型网络进行递送的表述。NAL 层由 NAL 单元组成，每个 NAL 单元的第 1 个字节描述了 NAL 单元的类型信息，其后为 NAL 单元的有效载荷内容。采用单个 NAL 单元的 RTP 有效载荷模式进行视频数据包的传输（见图 4.4）。在 RFC3550 中规定了有效载荷前的 RTP 头格式（见图 4.5）。

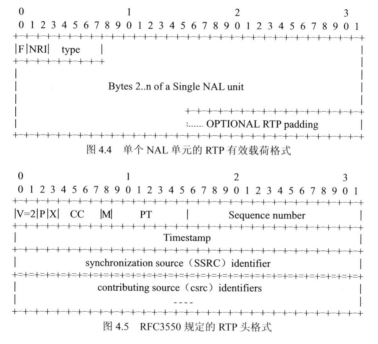

图 4.4　单个 NAL 单元的 RTP 有效载荷格式

图 4.5　RFC3550 规定的 RTP 头格式

为了解决 RTP 数据包传输的无序性，将利用每个 RTP 中的 Sequence Number 即序列号来进行重新排序，建立本地视频播放的缓冲区，进行排序后再依次送入解码库中解码获得 yv12 格式的帧数据。

H.264 编码的视频流参数集，包括顺序参数集（SPS）和图像参数集（PPS），采用的是通道内传输模式（Band-in mode），即利用 NAL 单元第 1 个字节中的 type 类型来识别 SPS、PPS 及 I 帧。首先这样有利于对组播的模式进行视频广播，其次在加入组播后不需要开设单独的通道与服务器进行控制信息的获取。由于不同的终端加入组播时间点的随机性,需要先获取视频流的参数集及主帧(I 帧)位置,再将接收的 RTP 数据包进行排序送到解码库解码。

(2)基于 GPU 硬件加速接口的图像渲染。

OpenGL(Open Graphics Library)定义了 1 个跨编程语言、跨平台的编程接口规格,它用于二维、三维图形的处理和绘制。OpenGL 是个专业的图形程序接口,是功能强大、调用方便的底层图形库。OpenGL ES 作为 OpenGL 的简化版本,在 iOS 中实现了对图形底层库的移植,使用户更快地掌握并能快速实现基于移动图形硬件上的图形处理和渲染,其使用模式见图 4.6。

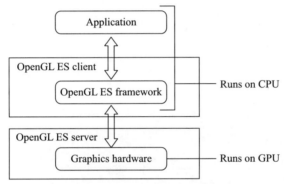

图 4.6 OpenGL ES 的应用模式

使用 OpenGL ES2.0 版本,利用 OpenGL 着色语言(OpenGL Shading Language)建立基于顶点着色器和片断着色器的管道,实现在 GPU 上对解码出来的 yv12 到 RGB24 格式帧数据的转换,完成视频图像的绘制和显示。

4.3.3 系统测试及应用

基于公投项目的移动端视频监控系统在 iOS 平台的 iPad2 设备上进行了视频流数据的测试,表 4.1 为各分辨率下三类实时监控图像的压缩码率和所需网络带宽的数据分析。从表 4.1 中可以看出,在基于公共移动通信 3G 网络的支持下,建立基于云端视频服务器到移动终端的视频客户机的方案是可行的。

该系统已应用于公投项目中,通过在数据云中心建立的视频流媒体服务,选择 iOS 平台的一款智能终端进行移动端视频监控应用软件的开发,并利用 RTP 协议获得 H.264 编码的视频流数据,通过对 RTP 数据包的排序重组和对 I 帧、视频参数集的获取进行解码,利用 OpenGL 图形处理库进行 GPU 硬件加速的图像渲染获得视频图像,使得整个系统流畅、平稳运行(见图 4.7)。

多个分辨率下监控视频流的数据分析　　　　　　　表 4.1

图像分辨率（dpi）	图像质量	压缩码率	传输带宽（平均值）	测试环境	网络环境
CIF 352×288	最好	512Kbps	540Kbps	iOS5.0 系统，H.264 编码，25 帧/秒	公共移动通信 3G 网络，7.2M 下行带宽 VPN 网络
CIF 352×288	较好	384Kbps	400Kbps	iOS5.0 系统，H.264 编码，25 帧/秒	公共移动通信 3G 网络，7.2M 下行带宽 VPN 网络
CIF 352×288	普通	256Kbps	280Kbps	iOS5.0 系统，H.264 编码，25 帧/秒	公共移动通信 3G 网络，7.2M 下行带宽 VPN 网络
DCIF 528×384	最好	1.2Mbps	1.3Mbps	iOS5.0 系统，H.264 编码，25 帧/秒	公共移动通信 3G 网络，7.2M 下行带宽 VPN 网络
DCIF 528×384	较好	768Kbps	780Kbps	iOS5.0 系统，H.264 编码，25 帧/秒	公共移动通信 3G 网络，7.2M 下行带宽 VPN 网络
DCIF 528×384	普通	512Kbps	540Kbps	iOS5.0 系统，H.264 编码，25 帧/秒	公共移动通信 3G 网络，7.2M 下行带宽 VPN 网络
4CIF（D1） 704×576	最好	2Mbps	2.2Mbps	iOS5.0 系统，H.264 编码，25 帧/秒	公共移动通信 3G 网络，7.2M 下行带宽 VPN 网络
4CIF（D1） 704×576	较好	1.75Mbps	1.9Mbps	iOS5.0 系统，H.264 编码，25 帧/秒	公共移动通信 3G 网络，7.2M 下行带宽 VPN 网络
4CIF（D1） 704×576	普通	1.5Mbps	1.7Mbps	iOS5.0 系统，H.264 编码，25 帧/秒	公共移动通信 3G 网络，7.2M 下行带宽 VPN 网络

图 4.7　高速公路移动端视频监控画面

第5章 摄像机布设

5.1 摄像机布设国内外现状

随着计算机网络、自动化、视频监视及人工智能等技术日趋成熟,高速公路智能全程监控系统的实现已成为国内外研究的热点。美国在20世纪60年代末便开始研发智能交通系统,1984年明尼苏达大学首先建立了一个大范围多角度的视频监控系统 Autoscope。1990年,明尼苏达州交通部建立了第一个基于视频的虚拟线圈测速系统。通过对比多种不同的测速系统,证明了基于视频检测系统具有维护费用低,拥有更多的交通信息的优点。目前 Autoscope 系统已经升级到第十一代,可以实现全天候的交通流量、速度、占有率、车辆分类及排队长度等交通信息的检测。

在欧洲,英国的 Trafficmaster 系统非常具有代表性,可以实时地检测车辆速度。该系统以伦敦为中心,在大范围高速公路上已经实际应用,而且有效利用现有的互联网络来动态实时地提供行驶车速、车流密度等交通信息。该系统由收集高速公路交通信息的监控网络、整理并发送信息的控制中心,以及接收发送信息的车载终端装置组成,目前已经可以通过手机 APP 的形式实时获取该系统提供的交通信息。

法国的 Citilog 公司在1996年将其研发的智能交通系统成功商业化,其核心技术是自主研发的动态视频背景自适应技术和车辆视频跟踪技术,在实际视频监控中可以有效消除光线、雨雪、灰尘等因素对系统的影响,可以及时检测监控区域发生的交通事件、采集交通数据及辅助进行交通控制等。

在现有的道路和环境条件下,高速公路监控系统通过对采集的信息进行实时分析、处理和预测,采取有效的交通控制手段,预防可能发生的交通事件、事故和阻塞;当出现突发性交通事故或道路环境变化而导致交通阻塞时,通过系统及时发现并采取有效措施进行缓解和排除，以防止对路网交通产生更大的影响，进而提高路网运行的利用效率和安全性。

目前应用在高速公路的全程监控系统，大多是在全程路段范围内每隔 1～2km 的间距，设置 1 台或 1 对摄像机；在交通事故较多的路段或危险路段适当加密。利用光电成像、视频处理、自动控制、通信以及计算机网络等多种技术，获取通行车辆的动态图像或在其基础上增加视频抓拍设备和拍照识别设备获取车辆的静态图像和车速，判断其是否超过路段规定的限速标准，以此为依据根据我国相关的法律、法规和条例对驾乘者予以处罚，以达到降低交通事故的目的。

国内的布设通常考虑以下两方面：一方面，要确保公路监控业务工作本身需求的满足；另一方面，外场设备安全性也是确保系统长效运行的重要环节。视频监控摄像机的布点位置包括以下几个方面。

（1）高速公路重点路段：高速公路特大桥梁、隧道、重要位置的路面、桥梁、涵洞和隧道等。

（2）高速公路重点区域：高速公路收费广场、收费车道、服务区广场、服务区进出口车道等。

（3）普通国省道重点路段：易发生车辆事故路段、易发生崩塌、水毁、积雪等自然灾害路段；此外，还需在普通国省道视频监控设备外围 1km 以内配备辅助视频监控设备，对外场设备安全性进行监控，防止设备被盗、被损等，提升设备安全运行能力。

5.2 摄像机标定

5.2.1 概述

计算机视觉的基本任务之一是从摄像机获取的图像信息出发计算三维空间中物体的几何信息，并由此重建和识别物体，而空间物体表面某点的三维几何位置与其在图像中对应点之间的相互关系是由摄像机成像的几何模型决定的，这些几何模型参数就是摄像机参数。在大多数条件下，这些参数必须通过试验与计算才能得到，这个过程被称为摄像机定标（或称为标定）。标定过程就是确定摄像机的几何和光学参数，摄像机相对于世界坐标系的方位。标定精度的大小，直接影响着计算机视觉（机器视觉）的精度。迄今为止，对于摄像机标定问题已提出了很多方法，摄像机定的理论问题已得到较好的解决，对摄像机标定的研究来说，当前的研究工作应该集中在如何针对具体的实际应用问题，采用特定的简便、实用、快速、准确的标定方法。

5.2.2 摄像机标定分类

(1) 根据是否需要标定参照物来看,可分为传统的摄像机标定方法和摄像机自标定方法。

传统的摄像机标定是在一定的摄像机模型下,基于特定的试验条件,如形状、尺寸已知的标定物,经过对其进行图像处理,利用一系列数学变换和计算方法,求取摄像机模型的内部参数和外部参数(分为最优化算法的标定方法、利用摄像机透视变换矩阵的标定方法、进一步考虑畸变补偿的两步法和采用更为合理的摄像机模型的双平面标定法);不依赖于标定参照物的摄像机标定方法,仅利用摄像机在运动过程中周围环境的图像与图像之间的对应关系对摄像机进行的标定称为摄像机自标定方法,它又分为基于自动视觉的摄像机自标定技术(基于平移运动的自标定技术和基于旋转运动的自标定技术)、利用本质矩阵和基本矩阵的自标定技术、利用多幅图像之间的直线对应关系的摄像机自标定方以及利用灭点和通过弱透视投影或平行透视投影进行摄像机标定等。自标定方法非常灵活,但它并不是很成熟。因为未知参数太多,很难得到稳定的结果。

一般来说,当应用场合所要求的精度很高且摄像机的参数不经常变化时,传统标定方法为首选。而自标定方法主要应用于精度要求不高的场合,如通信、虚拟现实等。

(2) 从所用模型不同来分,有线性和非线性。

所谓摄像机的线性模型,是指经典的小孔模型。成像过程不服从小孔模型的称为摄像机的非线性模型。线性模型摄像机标定,用线性方程求解,简单快速,已成为计算机视觉领域的研究热点之一,目前已有大量研究成果。但线性模型不考虑镜头畸变,准确性欠佳;对于非线性模型摄像机标定,考虑了畸变参数,引入了非线性优化,但方法较烦琐,速度慢,对初值选择和噪声比较敏感,而且非线性搜索并不能保证参数收敛到全局最优解。

(3) 从视觉系统所用的摄像机个数不同,分为单摄像机和多摄像机。

在双目立体视觉中,还要确定两个摄像机之间的相对位置和方向。

(4) 从求解参数的结果来分有显式和隐式。

隐参数定标是以一个转换矩阵表示空间物点与二维像点的对应关系,并以转换矩阵元素作为定标参数,由于这些参数没有具体的物理意义,所以称为隐参数定标。在精度要求不高的情况下,因为只需要求解线性方程,可以获得较高的效率。比较典型的是直接线性定标(DLT)。

DLT 定标以最基本的针孔成像模型为研究对象,忽略具体的中间成像过程,用一个 3×4 阶矩阵表示空间物点与二维像点的直接对应关系。为了提高定标精度,就需要通过精确分析摄像机成像的中间过程,构造精密的几何模型,设置具有物理意义的参数(一般包括镜头畸变参数、图像中心偏差、帧存扫描水平比例因子和有效焦距偏差),然后确定这些未知参数,实现摄像机的显参数定标。

(5)从解题方法来分,有解析法、神经网络法和遗传算法。

空间点与其图像对应点之间是一种复杂的非线性关系。用图像中的像元位置难以准确计算实际空间点间的实际尺寸。企图用一种线性方法来找到这种对应关系几乎是不可能的。解析方法是用足够多的点的世界坐标和相应的图像坐标,通过解析公式来确定摄像机的内参数、外参数以及畸变参数,然后根据得到的内外参数及畸变系数,再将图像中的点通过几何关系得到空间点的世界坐标。解析方法不能囊括上述的所有非线性因素,只能选择几种主要的畸变,而忽略其他不确定因素。神经网络法能够以任意的精度逼近任何非线性关系,跳过求取各参数的烦琐过程,利用图像坐标点和相应的空间点作为输入输出样本集进行训练,使网络实现给定的输入输出映射关系,对于不是样本集中的图像坐标点也能得到合适的空间点的世界坐标。

(6)根据标定块的不同,有立体和平面之分。

定标通过拍摄一个事先已经确定了三维几何形状的物体来进行,也就是在一定的摄像机模型下,基于特定的试验条件(如形状、尺寸已知的定标参照物)(标定物),经过对其图像进行处理,利用一系列数学变换和计算方法,求取摄像机模型的内部参数和外部参数。这种定标方法的精度很高。用于定标的物体一般是由两到三个相互正交的平面组成。但这些方法需要昂贵的标定设备,而且事前要精确地设置。平面模板(作为标定物),对于每个视点获得图像,提取图像上的网格角点,平面模板与图像间的网格角点对应关系,确定了单应性矩阵(Homography),平面模板可以用硬纸板,上面张贴激光打印机打印的棋盘格。模板图案常采用矩形和二次曲线(圆和椭圆)。

(7)从定标步骤来看,可以分为两步法、三步法、四步法等。

(8)从内部参数是否可变的角度来看,可以分为可变内部参数的定标和不可变内部参数的定标。

(9)从摄像机运动方式上看,定标可以分为非限定运动方式的摄像机定标和限定运动方式的摄像机定标。后者又根据摄像机的运动形式不同,分为纯旋转的定标方式和正交平移运动的定标方式等。

不管怎样分类,定标的最终目的是要从图像点中求出物体的待识别参数,即摄像机内外参数或者投影矩阵。然而,不同应用领域的问题对摄像机定标的精度要求也不同,也就要求应使用不同的定标方法来确定摄像机的参数。例如,在物体识别应用系统和视觉精密测量中,物体特征的相对位置必须要精确计算,而其绝对位置的定标就不要求特别高;而在自主车辆导航系统中,机器人的空间位置的绝对坐标就要高精度测量,并且工作空间中障碍物的位置也要高度测量,这样才能安全导航。

5.2.3 摄像机成像原理

高清摄像机在成像原理上和标清摄像机相同,主要由镜头、影像传感器(CCD电荷耦合器件/CMOS互补金属氧化物半导体)以及相关控制电路构成如图5.1所示。被摄像物体的发光或反射光通过镜头汇聚成像到影像传感器表面上,形成微弱电荷并积累,在相关电路控制下,这些积累电荷被逐点移出,通过滤波、放大后进入DSP中处理,最后形成视频信号被输出。

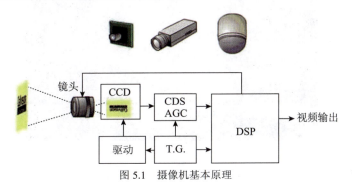

图5.1 摄像机基本原理

标清摄像输出的是CVBS信号,即复合视频信号。而对于高清摄像机来说,输出的则是高清数字信号(HDMI信号或DVI信号)。

(1)CCD和CMOS。

在CCD阵列结构中,包含了感光二极管、并行信号暂存器、串行信号寄存器、信号转换器和模数转换器共5种不同功能的电路(如图5.2所示)。

感光二极管:将光信号转为电荷信号。

并行信号暂存器:暂存感光后形成的电荷。

串行信号寄存器:暂存并行信号暂存器中的电荷并转移放大。

信号放大器:放大微弱电信号。

模数转换器:将放大后的电信号转换为数字信号。

CMOS结构主要包括感光二极管、模数转换电路(如图5.3所示)。感光二极管将光信号转化为电荷信号。

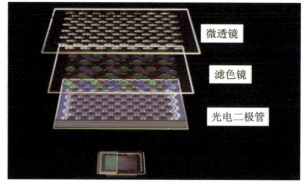

图 5.2 CCD 结构

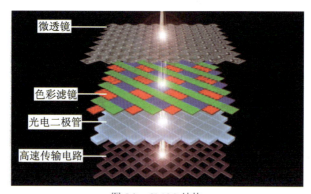

图 5.3 CMOS 结构

数模转换电路:包含了一个放大器和数模转换电路。

由于在一个平面上,必须分出数模转换电路的开销,因此有效感光区与整个元器件的面积之比较 CCD 要小。正因为 CCD 和 CMOS 在视频信号采集原理上的不同,导致其形成的摄像产品有着截然不同的特性:

CCD 的优势灵敏度高、信噪比高、成像质量高;

CMOS 的优势成本低、动态范围宽、功耗小。

(2)视频信号的输出。

在标清摄像机领域,视频信号的输出是通过调制技术将数字视频信号加载到 8~6.5Hz 的频率,这就是我们熟悉的 PAL 制、NTSC 制或 SECAM 制的模拟视频信号,也称复合视频流信号(CVBS)。视频信号可以通过同轴电缆在 1000m 范围内传送,这种技术为当时的视频监控的应用提供了较好的采集、传输解决方案。

高清晰摄像机有着标清摄像机数倍的像素,在色彩数字化灰度级方面更是提高了级别,将这些信号调制到模拟信号并通过同轴电缆传输显然是不可能的。这时,只能通过高速数据电缆接口来传送高清摄像机采集的数字视频信号。但是我们清楚,一是高速数据电缆的传送数字信号的范围很有限;二是高速数据电缆的成本远高于同轴电缆。如何将视频信号放到一个现有的数据网络上去成为解决这个问题的关键。答案的核心在于视频压缩标准的运用——ITU-T 所制定的 H.264 视频压缩标准的运用使得高清视频监控在不改变现有通信体系架构而大规模应用成为可能。

在计算机视觉中,利用所拍摄的图像来计算出三维空间中被测物体几何参数。图像是空间物体通过成像系统在像平面上的反映,即空间物体在像平面上的投影。图像上每一个像素点的灰度反映了空间物体表面某点反射光的强度,而该点在图像上的位置则与空间物体表面对应点的几何位置有关。这些位置的相互关系,由摄像机成像系统的几何投影模型所决定。计算机视觉研究中,三维空间中的物体到像平面的投影关系即为成像模型,理想的投影成像模型是光学中的中心投影,也称为针孔模型。针孔模型假设物体表面的反射光都经过一个针孔而投影到像平面上,即满足光的直线传播条件。针孔模型主要有光心(投影中心)、成像面和光轴组成。小孔成像由于透光量太小,因此需要很长的曝光时间,并且很难得到清晰的图像。实际摄像系统通常都由透镜或者透镜组组成。两种模型具有相同的成像关系,即像点是物点和光心的连线与图像平面的交点。因此,可以用针孔模型作为摄像机成像模型。

当然,由于透镜设计的复杂性和工艺水平等因素的影响,实际透镜成像系统不可能严格满足针孔模型,产生所谓的镜头畸变,常见的如径向畸变、切向畸变、薄棱镜畸变等,因而在远离图像中心处会有较大的畸变,在精密视觉测量等应用方面,应该尽量采用非线性模型来描述成像关系。

5.2.4 常用坐标系及其关系

计算机视觉常用坐标系采用右手准则来定义,图5.4所示为3个不同层次的坐标系统:世界坐标系、摄像机坐标系和图像坐标系(图像像素坐标系和图像物理坐标系)。

(1)世界坐标系(X_w, Y_w, Z_w)。

也称真实或现实世界坐标系,或全局坐标系。它是客观世界的绝对坐标,由用户任意定义的三维空间坐标系。一般的 3d 场景都用这个坐标系来表示。

(2)摄像机坐标系(xoy)。

以小孔摄像机模型的聚焦中心为原点,以摄像机光轴为 zc 轴建立的三维直角坐标系。x, y 一般与图像物理坐标系的 X_f, Y_f 平行,且采取前投影模型。

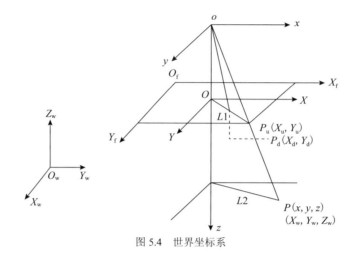

图 5.4 世界坐标系

(3) 图像坐标系。

分为图像像素坐标系和图像物理坐标系两种。图像物理坐标系：其原点为透镜光轴与成像平面的交点，X 与 Y 轴分别平行于摄像机坐标系的 x 与 y 轴，是平面直角坐标系，单位为毫米。图像像素坐标系 [计算机图像（帧存）坐标系]：固定在图像上的以像素为单位的平面直角坐标系，其原点位于图像左上角，X_f，Y_f 平行于图像物理坐标系的 X 和 Y 轴。对于数字图像，分别为行列方向。

坐标系变换关系：定义了上述各种空间坐标系后，就可以建立两两不同坐标变换之间的关系。

世界坐标系与摄像机坐标系变换关系如下。

(1) 世界坐标系中的点到摄像机坐标系的变换可由一个正交变换矩阵 R 和一个平移变换矩阵 T 表示为

$$\begin{bmatrix} x \\ y \\ z \end{bmatrix} = R \begin{bmatrix} X_w \\ Y_w \\ Z_w \end{bmatrix} + T = \begin{bmatrix} r_{11} & r_{12} & r_{13} \\ r_{21} & r_{22} & r_{23} \\ r_{31} & r_{32} & r_{33} \end{bmatrix} \begin{bmatrix} X_w \\ Y_w \\ Z_w \end{bmatrix}$$

齐次坐标表示为

$$\begin{bmatrix} x \\ y \\ z \\ 1 \end{bmatrix} = \begin{bmatrix} R & T \\ 0^T & 1 \end{bmatrix} \begin{bmatrix} X_w \\ Y_w \\ Z_w \\ 1 \end{bmatrix}$$

式中，$T = [t_x \quad t_y \quad t_z]^T$ 是世界坐标系原点在摄像机坐标系中的坐标，矩阵 R 是

正交旋转矩阵,其矩阵元素满足

$$r_{11}^2 + r_{12}^2 + r_{13}^2 = 1$$
$$r_{21}^2 + r_{22}^2 + r_{23}^2 = 1$$
$$r_{31}^2 + r_{32}^2 + r_{33}^2 = 1$$

正交旋转矩阵实际上只含有 3 个独立变量,再加上 t_x, t_y, 和 t_z, 总共有 6 个参数决定了摄像机光轴在世界坐标系中空间位置,因此这 6 个参数称为摄像机外部参数。

(2) 图像坐标系与摄像机坐标系变换关系。

摄像机坐标系中的物点 P 在图像物理坐标系中像点 P_u 坐标为

$$\begin{cases} X = f_x/z \\ Y = f_y/z \end{cases}$$

齐次坐标表示为

$$z \begin{bmatrix} X \\ Y \\ 1 \end{bmatrix} = \begin{bmatrix} f & 0 & 0 & 0 \\ 0 & f & 0 & 0 \\ 0 & 0 & 0 & 1 \end{bmatrix} \begin{bmatrix} x \\ y \\ z \\ 1 \end{bmatrix}$$

将上式的图像坐标系进一步转化为图像坐标系

$$\begin{cases} u - u_0 = X/d_x = s_x X \\ v - v_0 = Y/d_y = s_y Y \end{cases}$$

齐次坐标表示为

$$\begin{bmatrix} u \\ v \\ 1 \end{bmatrix} = \begin{bmatrix} s_x & 0 & u_0 \\ 0 & s_y & v_0 \\ 0 & 0 & 1 \end{bmatrix} \begin{bmatrix} X \\ Y \\ 1 \end{bmatrix}$$

式中,u_0, v_0 是图像中心(光轴与图像平面交点)坐标;d_x, d_y 分别为一个像素在 X 与 Y 方向的物理尺寸;$s_x = 1/d_x$, $s_y = 1/d_y$, 分别为 X 与 Y 方向上的采样频率,即单位长度的像素个数。

由此可得物点 P 与图像像素坐标系中像点 P 的变换关系

$$\begin{cases} u - u_0 = f s_x x/z = f_x x/z \\ v - v_0 = f s_y y/z = f_y y/z \end{cases}$$

式中,$f_x = f s_x$, $f_y = f s_y$ 分别定义为 X 与 Y 方向的等效焦距。f_x, f_y, u_0, v_0 4 个参数只与摄像机内部结构有关,因此称为摄像机内部参数。

(3) 世界坐标与图像坐标系变换关系（共线方程）

$$\begin{cases} \dfrac{X}{f} = \dfrac{u-u_0}{f_x} = \dfrac{r_{11}x_w + r_{12}y_w + r_{13}z_w + t_x}{r_{31}x_w + r_{32}y_w + r_{33}z_w + t_z} \\ \dfrac{Y}{f} = \dfrac{v-v_0}{f_y} = \dfrac{r_{21}x_w + r_{22}y_w + r_{23}z_w + t_y}{r_{31}x_w + r_{32}y_w + r_{33}z_w + t_z} \end{cases}$$

齐次坐标表示为

$$z \begin{bmatrix} u \\ v \\ 1 \end{bmatrix} = \begin{bmatrix} f_x & 0 & u_0 & 0 \\ 0 & f_y & v_0 & 0 \\ 0 & 0 & 1 & 0 \end{bmatrix} \begin{bmatrix} R & T \\ 0^T & 1 \end{bmatrix} \begin{bmatrix} X_w \\ Y_w \\ Z_w \\ 1 \end{bmatrix} = M_1 M_2 X = MX$$

上式就是摄影测量学中最基本的共线方程。说明物点、光心和像点这三点必须在同一条直线上。这是针孔模型或者中心投影的数学表达式。根据共线方程，在摄像机内部参数确定的条件下，利用若干个已知的物点和相应的像点坐标，就可以求解出摄像机的 6 个外部参数，即摄像机的光心坐标和光轴方位的信息。

摄像机镜头的畸变由于摄像机光学系统并不是精确地按理想化的小孔成像原理工作，存在透镜畸变，物体点在摄像机成像面上实际所成的像与理想成像之间存在光学畸变误差。主要的畸变误差分为三类：径向畸变、偏心畸变和薄棱镜畸变。第一类只产生径向位置的偏差，后两类则既产生径向偏差，又产生切向偏差。

(1) 径向变形（径向畸变）光学镜头径向曲率的变化是引起径向变形的主要原因。这种变形会引起图像点沿径向移动，离中心点越远，其变形量越大。正的径向变形量会引起点向远离图像中心的方向移动，其比例系数增大；负的径向变形量会引起点向靠近图像中心的方向移动，其比例系数减小。

(2) 偏心变形由于装配误差，组成光学系统的多个光学镜头的光轴不能完全共线从而引起偏心变形，这种变形是由径向变形分量和切向变形分量共同构成的。

5.3 摄像机布设原理

5.3.1 摄像机在直线段布设方法

由于本书视频摄像机架设在高速公路主线的坡道上，所以在计算布设间距应考虑摄像机水平角的影响。在坡度不大的平直路段上，为了满足全程监控道路的要求和尽量使道路成像在视频图像中央的效果，摄像机的水平角 φ 设置为将视线的最远识别点落在道路中线获得的直线与道路边线相交所得的夹角,如此布置将获得较好的监控效果。如图 5.5 所示。

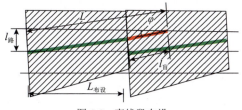

图 5.5 直线段布设

得到直线段布设间距 $L_{布设}$ 和摄像机水平角 φ 计算公式如下

$$\varphi = \arcsin\left(\frac{l_{路}}{L}\right)$$

$$L_{布设} = L\cos\varphi - l_{盲}\cos\varphi = l_0\cos\varphi$$

式中,$l_{路}$ 为单侧路的宽度(m)。

5.3.2 摄像机在曲线路段布设方法

在直线或曲率较小的路段,摄像机的可以架设在主线道路任意一侧的边坡上。摄像机的水平倾角要求并不严格。本书给出圆曲线监控摄像机架设原理,从而实现道路的全程覆盖,布设效果图如图 5.6 所示。

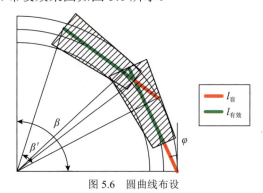

图 5.6 圆曲线布设

得到摄像机在曲线段布设原理如下。

(1)在曲率较大的需将摄像机架设在弯道外侧以确保视角的充分利用。

(2)水平布设角度要求视线中心线与道路中线相切,使道路情况的影像尽量反映在视野正中区域。

(3)充分考虑摄像机盲区的覆盖,保证全程无死角。

第6章 高清视频在高速公路的主要应用

6.1 高速公路车速检测

实际应用中,高速公路是一个较为封闭的场景,相比城市道路场景更为简单,道路场景中较少出现不相关的干扰目标,如行人和非机动车目标。但高速公路上的车辆速度标准区间为 80km/h 至 120km/h,相比城市道路车速要求的 60km/h 以下,车速更快。因此高速公路车速检测系统需要满足以下要求。

（1）实时性。

视频车速检测系统是一个实时系统,在测速结果的准确性和精度满足要求的前提下,系统的测速算法必须保证一定的效率,保证系统能及时检测道路上的车辆速度。

（2）录真性。

实际视频车速检测环境中,容易存在因为光照变化等引起的场景灰度变化,也容易出现道路外围运动目标的干扰,该系统需要能有效地排除此类干扰,保证系统的录真性。

（3）可靠性。

高速公路车速检测系统对测速的精度要求虽然不需要达到现有道路测速仪器的精度标准 ±5%,但是仍然需要对车速检测的精度在一定标准内,可以有效区分正常行驶车辆,车速异常车辆（速度缓慢或超速）,违章停车等情况。

（4）可扩展性。

视频测速系统作为智能交通系统的一部分,需要能将其采集的车辆速度有效输出,便于系统管理,同时测速系统的可扩展性也需要考虑,对于以后出现新的性能要求,可将其他功能模块加入到该系统中。

针对以上要求,本文将高速公路车速检测系统主要分为以下 5 个模块。

①视频图像采集模块。
②运动目标检测模块。
③角点特征检测模块。
④角点特征匹配模块。
⑤坐标变换模块。

视频图像采集模块负责从高速公路监控视频采集视频序列到计算机上,用于后续的车速检测;运动目标检测模块负责检测车辆运动目标,提取车辆前景目标;角点检测模块负责检测车辆目标的角点特征;角点匹配模块负责对不同部分的同一车辆角点特征进行匹配;坐标变换模块负责将获得的车辆图像坐标转换为实际道路坐标,最终输出车辆实际道路位移。

如图 6.1 所示为车速检测系统的流程图。本文方法通过对高速公路视频序列进行基于混合高斯模型的运动目标检测,有效分割运动车辆目标前景图像。然后对提取的车辆目标进行角点检测,提取目标角点特征。对提取的车辆角点特征通过归一化互相关,算法进行角点粗匹配,再利用算法对角点粗匹配结果进行一次精匹配,易除错误匹配角点对。最后对精匹配结果,提取正确匹配角点在不同帧中的图像坐标,将图像坐标通过单视测量方法转换为道路坐标,求出车辆实际道路位移后除以帕差时间后得出车辆速度。

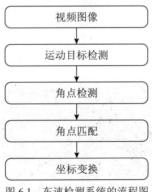

图 6.1 车速检测系统的流程图

6.1.1 运动目标

运动目标检测算法主要可以分为基于运动差分的方法、基于光流场的方法、基于图像分割、基于目标特征的方法等几种方法。基于运动差分的方法又可以分为帕差法和减背景法。

对车辆视频进行运动目标检测的目的是从视频序列中将运动目标区域从背景

图像中提取出来,便于后续的车辆特征提取。高速公路车速检测系统对运动目标检测算法有如下要求。

(1)算法需要有良好的场景变化适应能力,特别是能适应道路场景的光照变化,保证运动目标在复杂场景下仍能被正确检出。

(2)检测算法需快速有效,以保证系统实时性的要求。

(3)检测到的前景目标需要较高的准确性,尽可能减少将背景误判为前景目标的概率。

基于混合高斯模型的运动目标检测方法对运动目标的检测较为准确,对噪声有一定的抑制效果,可以有效适应场景的起伏波动,相比其他检测方法具有较好的鲁棒性,选择合适的值下算法的运算速度能满足系统实时要求。

通过对高速公路视频序列进行基于混合高斯模型的运动目标检测后,可以将高速公路上运动的车辆目标与背景分离开来,获得车辆前景目标。如图 6.2 所示,通过对原始图像进行目标检测后最终获得车辆前景图像。

图 6.2 混合高斯模型运动目标检测图

6.1.2 角点检测

对车辆前景目标进行提取后,需要对车辆角点特征进行检测。目前的角点检测算法主要分为三类：基于灰度变化的角点检测、基于模板的角点检测基于边缘的角点检测。如图 6.3 所示。

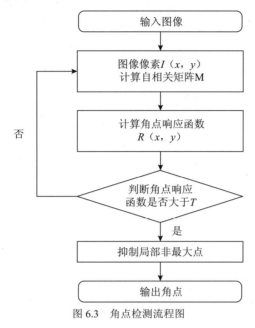

图 6.3　角点检测流程图

由于角点特征的正确快速检测关系到后续角点匹配的准确性，所以本文的车速检测系统对角点检测算法有如下要求。

（1）算法的计算量较小，能符合系统实时检测的要求。

（2）提取的角点特征分布均匀合理，有利于后续角点特征匹配的准确进行。

（3）算法稳定性高，对图像的旋转，灰度变化，噪声影响和视点变化不敏感。

（4）角点定位准确，定位精度在像素级别。

针对以上要求，通常采用 Harris 角点检测方法提取车辆角点特征。Harris 角点检测具有良好的可重复性以及相对较高的检测效率，可以提取较多的角点特征，并对图像的旋转、灰度变化不敏感。

6.2　目标识别

设计总的思想就是把测试图像和样本图像都先进行图像转换，然后再进行边缘检测，达成图像简单黑白轮廓的处理，之后再利用基于人工神经网络的图像识别的原理，对图像进行预处理、样本训练，最后对测试图像进行识别，最后得到测试结果。由于高速公路上基本是以车辆为主而出现的,故实例中以车辆为例进行设计。只要车辆可以识别出来,别的物体基本都可以采用这种方法来识别。基于高清视频高速公路的目标识别系统主要分为两大块:一是图像处理模块,二是图像识别模块。

6.2.1 图像处理

由于采用基于人工神经网络的图像识别技术,因此使用的图像大小格式都必须呈 $N×N$ 的形式。图像采集处理流程如图 6.4 所示。

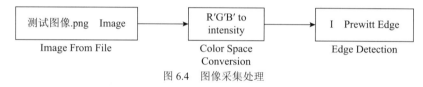

图 6.4 图像采集处理

输入图像的时候用到了 Image From File 模块,即直接读取文件中的图像,在使用这个模块的时候可以自行选择图像。由于一般来说模块对于图像的处理都是在灰度图像的基础上,所以需要之后再对图像进行转换,这时使用到的模块是环境中不同彩色信息转换模块,实质上就是把图像的彩色信息转换一下,虽然这个模块可以处理很多图像转换的操作,例如 R′G′B′ to Y′CbCr、R′G′B′ to HSV 以及 L*a*b* to sR′G′B′ 等不同格式间的转换,但这里用到的是 RGB 转化成 intensity,即转化为灰度图像。接下来,要做的就是边缘检测,使用到的模块是 Edge Detection 模块,其中效果最好的就是普瑞维特算子,用普瑞维特算子处理后的图像轮廓清晰明显,所以最终采用普瑞维特算子来进行处理。其实这个过程就是把图像黑白化并把物体的轮廓明显的表示出,然后方便后续对于输入向量的处理。

采集过程不仅仅是采集过程也是对图像的转换处理过程,首先得到原始图像后,我们需要对其进行精确的裁减,这个过程是很重要的,因为输入向量是基于矩阵的一种形式。裁剪后的图像必须呈 $N×N$ 的形式,下面以 225×225 的样本图像为例,进行具体展示,且训练样本不仅需要前面还需要后面,或者可以添加更多的样本图像,不过对其的处理过程都必须是统一的。

再之后需要将原始图像进行灰度转换,因为后续处理中图像不能是 3D 的而且彩色图像所占的空间相对灰度图像还是较大的,所以如果没有转换过程的话,后续过程将很难进行下去。而且将图像灰度化的话,我们所需要的信息依旧可以全部保留,但是实际操作处理中却可以得到更大的便捷,相对来说,处理时间的长度也会大大减少。之后进行的边缘检测一方面是为了更好的提取到物体的特征,方便后续处理,另一方面则是因为此处理过程可以把图像转换成只有黑白两种像素的图像,对识别过程有着极大的帮助。但是由于训练所需的样本是多样化的,所以我们必须把物体的多样性展示出来,对视频和图像而言,且以车辆为例来说,一般需要正面和背面即可。不过因为车辆的种类不同,所以训练的样本也必须同时增加,卡车、面包车、客车以及小轿车这些种类都必须保存相应的训练样本,且前后两张都应是处理过后的。

在此以卡车为例进行分析,处理时,首先将彩色图像转换为灰度图像,然后再将灰度图像边缘采用普瑞维特算子进行检测。

图 6.5 所示为卡车背面样本的处理过程。

图 6.6 所示为卡车正面的样本处理过程。

从图 6.5 和图 6.6 可以看出,经过上述处理过程,可以简洁地用线条表示出车辆的特征,可以将该特征用于大卡车的识别。

图 6.5 卡车背面样本处理过程(225×225)

图 6.6 卡车正面样本处理过程(225×225)

6.2.2 图像识别

图像识别部分借鉴了人工神经网络图像识别的方法,图像识别模块如图 36 所示。图像识别的具体方法如下。

(1)把一些车辆的样本图像输入并进行预处理,从而得到样本图像的输入向量。基于人工神经网络的图像识别实质上输入的是一个只含 0、1 的向量,这里及以下的目标识别模块都使用了 MATLAB Function 模块,这里需要另外编写一个脚本文件来实现图像预处理、训练样本以及对测试图像进行识别。

(2)根据前期形成的输入矢量 p 和目标矢量 t 构造一个神经网络,最后通过神经样本来进行样本训练。图像的裁剪也可以通过编制仿真软件来实现。

(3)输入待识别目标图像,将该图像转换为目标向量,然后基于人工神经网络的方法将目标图像的向量与样本库图像的向量进行对比,根据匹配程度对目标图像的类型进行判断。如图 6.7 所示。

图 6.7 图像识别模块

影响该图像识别系统的因素主要有两个。一是所编写程序的运行效率和计算准确度;二是前期准备样本库的丰富程度,样本库越完整,则识别目标物体的能力就会越强,所识别的精度也会相应提高。此外,若需要改变样本库内容,就要进行程序上的部分修改。

该图像识别方法具有良好的通用性,计算程序可根据工程需要的进行适应性修改,其输出也可以根据需求进行相应的修改。此系统可以进行识别主要是基于其输入的样本库,如果更换样本库及一些具体参数,本图像识别模块就可以对其他目标物体进行识别。

对于高速公路视频而言,其可以还原为连续的图像集合,通过对每一帧图像的处理,就可以了解视频内的目标内容。只要循环输入过程就可以得到整个视频的处理结果。

6.2.3 车牌识别

(1)车牌识别系统结构。

高速公路收费车道车牌识别主要由基础设施单元、车辆检测单元、图像采集单元、辅助照明单元、数据存储处理单元、网络单元和传输单元等组成。结构图如图 6.8 所示。

车辆检测单元通过判断车辆位置,触发摄像机进行抓拍,主要有以下方式:地感线圈与车检器配合,判断车辆是否到达合适的拍照位置;采用视频检测,通过在视频图像中设置虚拟线圈区域,当有车辆进入相关区域后触发拍照和识别工作;

利用雷达触发,通过雷达回波判断车辆位置,触发车辆拍照和识别。

在实际的工作过程中,为了保证系统的可靠工作,可采用多种检测方式组合适应,以更好地适应各种环境及特殊需求。

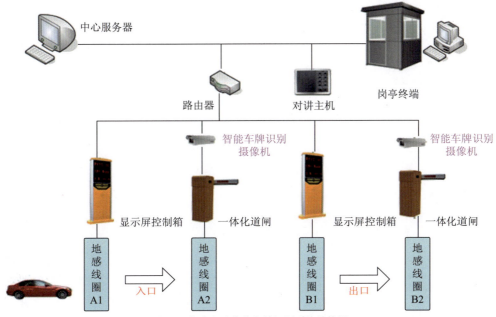

图6.8 高速公路收费车牌识别系统结构图

图像采集单元主要利用高清晰成像技术,可清晰显示车牌,所采用的是高清摄像机,目前分辨率一般为200万像素或500万像素,足够满足车牌识别的需要,甚至可清晰识别司乘人员面貌特征。此外,由于嵌入式系统已经比较成熟,处理速度可满足实时性需求,因此,现有摄像机可采用嵌入式结构,将车牌识别或部分图像处理的任务置于前端,大大降低了后台服务器的工作量和传输数据量,且系统稳定可靠,适合户外恶劣(高低温)环境使用,功耗低(一般不超过15W),安装施工简便。辅助照明单元主要由补光灯组成,主要有频闪灯和长亮补光灯,由于频闪灯对司机有影响,尤其是晚上影响更大,因此,现在更多地采用高亮LED补光技术,由于LED灯具有低功耗特征,大大降低了运行过程中的电能消耗。网络单元和传输单元可实现高效便捷的组网,能自动上传数据,可实现远程访问等,为信息化技术奠定良好基础。

(2)车牌识别系统工作流程。

车牌识别系统工作流程如图6.9所示。

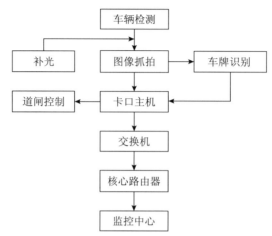

图 6.9　高速公路收费车牌识别系统流程示意图

其基本工作流程如下：车辆进入收费车道，触发地感线圈或虚拟线圈；线圈将信号送入车检器，触发高清摄像机抓拍车辆图像，此时补光灯处于开启状态；若摄像机具有车牌识别功能，则将识别后的车牌和原始图像压缩后发送到卡口主机；若摄像机没有车牌识别功能，只需将图像发送到卡口主机即可，由卡口主机负责车牌的识别；卡口主机由车牌号码判断车辆是否是免费车辆，若是则道闸开启，否则等收费完成后再开启；卡口主机在收费控制的时，还需将车辆抓拍图像通过交换机、核心路由器和光纤传送到监控中心，并保存在监控中心的储存硬盘阵列中。

6.3　视频智能监测

智能视频（IV，Intelligent Video）源自计算机视觉（CV，Computer Vision）技术。计算机视觉技术是人工智能（AI，Artificial Intelligent）研究的分支之一，它能够在图像及图像描述之间建立映射关系，从而使计算能够通过数字图像处理和分析来理解视频画面中的内容。

视频监控中所提到的智能视频技术主要是指自动分析和抽取视频源中的关键信息。如果把摄像机看作是人的眼睛，而智能视频系统或设备则可以看作是人的大脑。

视频图像处理过程中会涉及对视频图像数据的采集、传输、处理、显示和回放等过程，这些过程共同形成了一个系统的整体周期，可以连续性的运作。在视频图像处理技术范围内最主要的就是包括了图像的压缩技术和视频图像的处理技术等。目前，市场上主流的视频图像处理技术包括：智能分析处理，视频透雾增透技术,宽动态处理,超分辨率处理,下面分别介绍以上4种处理技术。

(1)智能分析处理技术。

智能视频分析技术是解决视频监控领域大数据筛选、检索技术问题的重要手段。目前国内智能分析技术可以分为两大类:一类是通过前景提取等方法对画面中的物体的移动进行检测,通过设定规则来区分不同的行为,如拌线、物品遗留、周界等;另一类是利用模式识别技术对画面中所需要监控的物体进行针对性的建模,从而达到对视频中的特定物体进行检测及相关应用,如车辆检测、人流统计、人脸检测等应用。

(2)视频透雾增透技术。

视频透雾增透技术,一般指将因雾和水气灰尘等导致朦胧不清的图像变得清晰,强调图像当中某些感兴趣的特征,抑制不感兴趣的特征,使得图像的质量改善,信息量更加丰富。由于雾霾天气以及雨雪、强光、暗光等恶劣条件导致视频监控图像的图像对比度差、分辨率低、图像模糊、特征无法辨识等问题,增透处理后的图像可为图像的下一步应用提供良好的条件。

(3)数字图像宽度动态的算法。

数字图像处理中宽动态范围是一个基本特征,在图像和视觉恢复中占据了重要的位置,关系着最终图像的成像质量。其动态的范围主要受保护信号量和平均噪声比值来决定的,其中动态范围可以从光能的角度来定义。

数字的信号处理会受到曝光量中曝光效果、光照度和强度的影响和作用。动态范围跟图案的深度息息相关,如果图像动态范围宽,则在图像处理时亮度变化较为明显,但如果动态范围较窄,在亮度转化时,亮暗程度的变化并不明显。目前图像的宽动态范围在视频监控、医疗影像等领域应用较为广泛。

(4)超分辨率重建技术。

提高图像分辨率最直接的办法就是提高采集设备的传感器密度。然而高密度的图像传感器的价格相对昂贵,在一般应用中难以承受;另一方面,由于成像系统受其传感器阵列密度的限制,目前已接近极限。

解决这一问题的有效途径是采用基于信号处理的软件方法对图像的空间分辨率进行提高,即超分辨率(SR: Super-Resolution)图像重建,其核心思想是用时间带宽(获取同一场景的多帧图像序列)换取空间分辨率,实现时间分辨率向空间分辨率的转换,使得重建图像的视觉效果超过任何一帧低分辨率图像。

建造视频监控系统的目的,一是为了视觉上的延伸——把处于别地的画面通过网络与设备"拉近"到眼前,因此有了远程监控;二是为了智力上的延伸——让系统自动为我们分析问题并解决问题,于是有了智能监控。当然,后者是更高层次上的要求，但也是视频监控今后发展的必然要求。

传统的视频监控系统缺乏智能，在很大程度上依赖于人的判断。然而，人类有着自身难以克服的弱点。

（1）人力有限，人的反应与处理速度有限，导致我们在指定的时间内能够进行监视的地点有限。这也就意味着各个被监控点并非每时每刻都处于监控当中。

（2）人并非一个可以完全信赖的观察者，无论是在观看实时的视频流还是在观看录像回放的时候，由于自身生理上的弱点，我们经常无法察觉安全威胁，从而导致漏报现象的发生。

从上述分析来看，当开展大规模视频监控以后，智能监控实际上已不是可有可无的装饰品，而是系统所必备的一种能力。否则，巨大的投资将由于缺乏人力资源的跟进以及人类自身的弱点，而有可能变为一种浪费。

智能视频技术可以在很多地方得到应用。

（1）高级视频移动侦测。在复杂的天气环境中（例如雨雪、大雾、大风等）精确地侦测和识别单个物体或多个物体的运动情况，包括运动方向、运动特征等。

（2）物体追踪。侦测到移动物体之后，根据物体的运动情况，自动发送 PTZ 控制指令，使摄像机能够自动跟踪物体，在物体超出该摄像机监控范围之后，自动通知物体所在区域的摄像机继续进行追踪。

（3）人物面部识别。自动识别人物的脸部特征，并通过与数据库档案进行比较来识别或验证人物的身份。此类应用又可以细分为"合作型"和"非合作型"两大类。"合作型"应用需要被监控者在摄像机前停留一段时间，通常与门禁系统配合使用。"非合作型"则可以在人群中识别出特定的个体，此类应用可以在机场、火车站、体育场馆等安防应用场景中发挥很大的作用。

（4）车辆识别。识别车辆的形状、颜色、车牌号码等特征，并反馈给监控者。此类应用可以用在被盗车辆追踪等场景中。

（5）非法滞留。当一个物体（如箱子、包裹、车辆、人物等）在敏感区域停留的时间过长，或超过了预定义的时间长度就产生报警。典型应用场景包括机场、火车站、地铁站等。

（6）交通流量控制。用于在公路上监视交通情况，例如统计通过的车数、平均车速、是否有非法停靠、是否有故障车辆等。

第7章 高清视频的质量分析

7.1 图像增强

图像处理最普遍用的方法就是图像增强,图像增强可以改善图片的视觉效果,还是图像的边缘测试和识别目标等处理方法的理论基础。图像的灰度变换法是增强图像常用的手段,而灰度变换法包括直接的灰度变换和直方图均衡化两种算法。直接的灰度变换法还可以细分为线性和非线性两种。使用数学软件编程上述算法,通过修改不同的参数得到经过处理的效果图像,对得到的试验结果进行对比分析,需要分析原图与改善后的图片,也需要对不同的算法和不同参数得到的结果进行对比,从而选择最有效的算法和最合适的参数。

7.1.1 线性灰度变换

线性灰度变换是使要检测的目标或灰度区间更加清楚,其他部分的灰度区域就会受到压制,根据这种情况可以采取分区域的线性法,最常用的是分为三段的,如下式所示。

$$g(i,j) = \begin{cases} \alpha \ f(i,j) & 0 \leqslant f(i,j) < f_a \\ \beta \ (f(i,j) - f_a) + g_a & f_a \leqslant f(i,j) < f_b \\ \gamma \ (f(i,j) - f_b) + g_b & f_b \leqslant f(i,j) < 255 \end{cases} \quad (i=1, 2, \cdots, m; j=1, 2, \cdots, n)$$

(7.1)

式中,α、β、γ 分别为三段折线的斜率。变换方式如图 7.1 所示。

7.1.2 非线性灰度变换

经常使用的非线性灰度变换有对数的变换和指数的变换,对数变换采用下式表示

$$g(x,y)=a+b\log_c[f(x,y)+1] \tag{7.2}$$

式中，a，b，c 是为了改变曲线的方位和整体的形状设定的值。如果对图像较低的灰度区进行扩大，对较高的灰度区进行缩小，就可以采用这样的非线性灰度方法，这样的灰度分配和人的感知相近，指数变换如下式表示

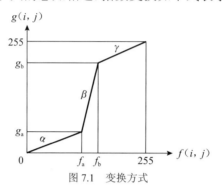

图 7.1 变换方式

$$g(x,y)=kf(x,y)^a \tag{7.3}$$

且 $f(x,y)=0$ 时，$g(x,y)=0$。$f(x,y)=255$ 时，$g(x,y)=25$。

不同的 a，图像灰度的改变也会不同。

7.1.3 直方图均衡化

灰度变换的另一种方法是直方图的均衡化，这经常用于图像增强处理。这种方法是把灰度分级分布在平均的概率密度的图像上，使图像像素的可取值动态范围变得更广。实际中图像的灰度值并不是均匀分布的，而且最常见的灰度分布经常是集中在一个小区域内。直方图均衡化就是将图像的灰度值均匀分布，使图像的对比度加强。

直方图均衡化的原理：对图像 $A(x,y)$，灰度范围为 $[0,L]$，其图像的直方图为 $H_A(r)$，图像 A 的总像素点数为

$$A_0=\int_0^L H_A(r)\mathrm{d}r \tag{7.4}$$

归一化：

概率密度函数为

$$p(r)=\frac{H_A(r)}{A_0} \quad T'(r)=\mathrm{d}s/\mathrm{d}r \tag{7.5}$$

概率分布函数为

$$p(r)=\frac{1}{A_0}\int_0^r H_A(r)\mathrm{d}r \tag{7.6}$$

设变换
$$s=T(r) \tag{7.7}$$
由直方图的示意，通过了灰度变换之后相对应的单位面积元相同
$$H_B(s)\mathrm{d}s=H_A(r)\mathrm{d}r \tag{7.8}$$
解得
$$H_B(s)\mathrm{d}s = \frac{H_A(r)}{\mathrm{d}s/\mathrm{d}r} = \frac{H_A(r)}{T'(r)} \tag{7.9}$$
其中
$$T'(r)=\mathrm{d}s/\mathrm{d}r \tag{7.10}$$
当分母和分子数值之间的差是一个相应比例的常数时，就不变，如下
$$T'(r) = \frac{C}{A_0} H_A(r) \tag{7.11}$$
所以
$$s = T(r) = \frac{C}{A_0}\int_0^r H_A(r)\,\mathrm{d}r = CP(r) \tag{7.12}$$
其中
$$P(r) = \frac{1}{A_0}\int_0^r H_A(r)\,\mathrm{d}r \tag{7.13}$$
为了使 s 的取值范围为 $[0, L]$，$C=L$

由此得，离散情况下使直方图均衡化的灰度变换函数是概率分布函数
$$s=T(r)=CP(r_k) \tag{7.14}$$
其中，$P(r_k) = \sum_{i=0}^{k} \frac{n_i}{n}$，$n$ 为图像中总像素个数。

直方图均衡化的算法步骤如下：按序写出原始采集的图像和计算得到的变换后图像灰度的级别：$I, j=0, L-1$，其中，L 是灰度级的个数；原始图像的各灰度级别的像素的总体个数记为 n_i；计算原始图像直方图：$p(i) = \frac{n_i}{N}$，N 为原始图像像素总个数；计算累积直方图：$p_j = \sum_{k=0}^{j} p(k)$；使用灰度变换的函数原理经过计算变换后得到的灰度数值，并经过四舍五入之后：$j=INT[(L-1)p_j+0.5]$；要知道灰度之间变换的具体关系 $i \rightarrow j$，然后据此把原始的图像的灰度数值 $f(m, n)=i$ 修改后变为 $g(m, n)=j$；计算通过变换之后的各个灰度级别的每个像素的个数 n_j；计算变换后图像的直方图
$$p(j) = \frac{n_j}{N} \tag{7.15}$$

7.1.4 图像的锐化

图像锐化是使图像在采集和传输过程中,质量都会发生损失,图像就会失真。这种情况发生的原因是图像在采集、传输和转换的时候,转换系统中的传递函数会抑制图像中的高频成分,这就会使有些图像具体的目标轮廓不清楚。图像锐化就是补偿图像的轮廓,使图像比较清晰。

图像锐化的基本方法介绍如下。

(1)微分算子。

设 $f(x, y)$ 是一图像,它的梯度使用数学理论来描述就是一个向量,定义为

$$G[f(x,y)] = \left[\frac{\partial f}{\partial x} \quad \frac{\partial f}{\partial y}\right]^T \tag{7.16}$$

该向量的模为

$$\|G[f(x,y)]\| = \left[\left(\frac{\partial f}{\partial x}\right)^2 + \left(\frac{\partial f}{\partial y}\right)^2\right]^{\frac{1}{2}} \tag{7.17}$$

式(7.17)中用到的 $\|G[f(x, y)]\|$ 就是图像函数 $f(x, y)$ 的数学概念的梯度,这是关于 x, y 的函数,事实上也就是图像函数 $f(x, y)$ 的梯度函数的图像。

如果按数字图像的函数 $f(x, y)$ 来说,$\frac{\partial f}{\partial x}$ 和 $\frac{\partial f}{\partial x}$ 就仅仅可以近似。式(7.17)按照差分的公式运算得到的近似后的梯度函数表达式为

$$\|G[f(x,y)]\| = \left[[f(x,y) - f(x+1,y)]^2 + [f(x,y) - f(x,y+1)^2]\right]^{\frac{1}{2}} \tag{7.18}$$

如果应用于实际的计算,就会发现这种方式的计算很复杂,不容易得到解,为了缩短计算机的计算时间,就要在计算误差允许的范围内,应用绝对差的方法来计算。具体绝对差算法如下

$$|G[f(x,y)]| = |f(x,y) - f(x+1,y)| + |f(x,y) - f(x,y+1)| \tag{7.19}$$

用梯度计算时,要注意到的是对于一个 $M×N$ 的数字图像 $f(x, y)(x=0, M-1, N-1)$,点 $(M-1, y)$ 和 $(X, N-1)$ 的梯度是不可以进行计算的。因此,对图像 $f(x, y)$ 的最后一行(第 $M-1$ 行)和最后一列(第 $N-1$ 列)的像素的梯度值需要进行特殊处理。普遍的方法是 $(M-1, y)$ 的梯度值用 $(M-2, y)$ 的梯度值来替换,$(x, N-1)$ 的梯度值用 $(x, N-2)$ 的梯度值来替换。

(2)拉普拉斯算子。

拉普拉斯算子的原理是,在采集视频图像的过程中,光点就会把光漫反射到周围其他的区域,这个过程就可以用扩散的原理公式表示

$$\frac{\partial f}{\partial t} = kV^2 f \tag{7.20}$$

经过计算,就可以得出,如果图像不清楚的原因是光漫反射,清晰的图像就等于不清楚的图像减去其拉普拉斯变换后的常数。

拉普拉斯图像的锐化一维公式如下

$$g(x) = f(x) - \frac{d^2 f(x)}{dx^2} \tag{7.21}$$

二维的表达式如下式所示

$$\nabla^2 f = \frac{\partial^2 f}{\partial x^2} + \frac{\partial^2 f}{\partial y^2} \tag{7.22}$$

离散函数 $f(i, j)$ 的拉普拉斯算子定义的方程为

$$\nabla^2 f(i, j) = \nabla_x^2 f(i, j) + \nabla_y^2 f(i, j) \tag{7.23}$$

其中

$$\begin{aligned}
&\nabla_x f(i, j) \\
&= \nabla_x[\nabla_x f(i, j)] \\
&= \nabla_x[f(i+1, j) - f(i, j)] \\
&= \nabla_x f(i+1, j) - \nabla_x f(i, j) \\
&= f(i+1, j) - f(i, j) - f(i, j) - f(i-1, j) \\
&= f(i+1, j) + f(i-1, j) - 2f(i, j)
\end{aligned} \tag{7.24}$$

同理

$$\nabla_y f(i, j) = f(i, j) - f(i, j-1) \tag{7.25}$$

类似的有

$$\nabla_y^2 f(i, j) = f(i, j+1) + f(i, j-1) - 2f(i, j) \tag{7.26}$$

所以有

$$\nabla^2 f(i, j) = f(i+1, j) + f(i-1, j) + f(i, j+1) + f(i, j-1) - 4f(i, j) \tag{7.27}$$

则拉普拉斯算子的模板表示为

$$\begin{pmatrix} 0 & 1 & 0 \\ 1 & -4 & 1 \\ 0 & 1 & 0 \end{pmatrix} \tag{7.28}$$

7.2 视频客观判断的方法

客观评价主要有两种方法,分别为基于统计公式计算的方法和 HVS 模型的

方法。

基于像数统计特性的图像质量评价方法主要包括均方误差、信噪比、峰值信噪比、均方根误差算法等,这些方法也是传统上常用的图像质量客观评价方法。基于像素统计特性的评价方法算法比较简单、计算量比较少、计算速度比较快,而且还有着清楚的物理意义,因此这些统计评价的方法可以实现实时质量评价的需要;但是,这些计算相对传统的评价方法仅仅可以得出数学和物理意义上的计算数值,和人们视觉对图像的感知质量之间没有关系。

客观判断是根据公式得出的结果对图像进行评定。这种评价虽然不是完全准确,应简单方便,所以常使用在计算机中,得到简单的数据图像的质量进行评价。普遍得到常用的客观判断函数为均方误差 MSE 和峰值信噪比 $PSNR$。

$$MSE = \frac{1}{NM}\sum_{i=1}^{N}\sum_{j=1}^{M}\left(f_{ij}-f'_{ij}\right)^2$$

$$PSNR = 10\lg\frac{L^2}{MSE}$$

（7.29）

式中,N,M 分别表示的是 x 方向、y 方向图像像素点的数量,f_{ij} 和 f'_{ij} 分别是原图和滤波之后的图在点 (i, j) 上的取值,L 是图像中灰度取值的范围。峰值信噪比 $PSNR$ 其实表示的是图像中的失真情况,通常来说,峰值信噪比 $PSNR$ 结果越大的图像,它的质量越高。

7.2.1 均方误差法

设参考图像 $R(x, y)$ 由 $M\times N$ 个像素组成,其中,$x=0, 1, \cdots, M-1$;$y=0, 1, \cdots, N-1$。被测图像 $T(x, y)$ 也由 $M\times N$ 个像素组成,并且,$x=0, 1, \cdots, M-1$;$y=0, 1, \cdots, N-1$。被测试图像中的一个像素与相对应的参考图像中的相同点处的像素之间的差值如下

$$E(x, y)=T(x, y)-R(x, y) \quad （7.30）$$

则图像间的均方误差为

$$MSE = \frac{1}{M\times N}\sum_{x=0}^{M-1}\sum_{y=0}^{N-1}E^2(x,y)=\frac{1}{M\times N}\sum_{x=0}^{M-1}\sum_{y=0}^{N-1}\left[T(x,y)-R(x,y)\right]^2 \quad （7.31）$$

均方误差法就是计算原始图像和参考图像的数学统计之间的区别,计算公式直接、精确,计算方法方便,优点就是这种方法一直都是普遍应用的;缺点是均方误差法还需要把各个像素一一进行对比,全部的像素点都要对比到,但是有些时候,公式的结果和人的感知不统一。

7.2.2 信噪比法

设参考图像 $R(x, y)$ 由 $M\times N$ 个像素组成,其中,$x=0, 1, \cdots, M-1;y=0, 1, \cdots, N-1$。被测图像 $T(x, y)$ 也由 $M\times N$ 个像素组成,并且,$x=0, 1, \cdots, M-1;y=0, 1, \cdots, N-1$,则信噪比的计算公式(单位为 dB)如下

$$SNR = 10\times \lg\left\{\frac{\sum_{x=0}^{M-1}\sum_{y=0}^{N-1}T^2(x,y)}{\sum_{x=0}^{M-1}\sum_{y=0}^{N-1}[T(x,y)-R(x,y)]^2}\right\} \tag{7.32}$$

7.2.3 峰值信噪比方法

设参考图像 $R(x, y)$ 由 $M\times N$ 个像素组成,其中,$x=0, 1, \cdots, M-1;y=0, 1, \cdots, N-1$。被测图像 $T(x, y)$ 也由 $M\times N$ 个像素组成,并且,$x=0, 1, \cdots, M-1;y=0, 1, \cdots, N-1$,则峰值信噪比的计算公式(单位为 dB)如下

$$PSNR = 10\times \lg\left\{\frac{M\times N\times m^2}{\sum_{x=0}^{M-1}\sum_{Y=0}^{N-1}T[(x,y)-R(x,y)]^2}\right\} \tag{7.33}$$

式中,m 为灰度图像最大灰度值。

峰值信噪比的方法和计算结果基本类似于均值误差。

7.2.4 均方根误差方法

设参考图像 $R(x, y)$ 由 $M\times N$ 个像素组成,其中,$x=0, 1, \cdots, M-1;y=0, 1, \cdots, N-1$。被测图像 $T(x, y)$ 也由 $M\times N$ 个像素组成,并且,$x=0, 1, \cdots, M-1;y=0, 1, \cdots, N-1$,则图像间的均方根误差为

$$RMSE = \sqrt{\frac{1}{M\times N}\sum_{x=0}^{M-1}\sum_{y=0}^{N-1}[T(x,y)-R(x,y)]^2} \tag{7.34}$$

7.2.5 基于 HVS 模型的方法

在以 HVS 为基础的模型的图像质量评价过程中,误差加权函数一般使用的是 CSF,累加函数普遍用的是 Minkowski 误差累加函数

$$E = \left(\sum_{l}\sum_{k}\left|e_{l,k}\right|^{\beta}\right)^{1/\beta} \tag{7.35}$$

式中,表示第 1 个通道误差的第 k 个系统,β 为常量,取值范围介于 1～4。

根据 HVS 特性，在很多的 HVS 模型的图像质量评价方法中，最典型的方法如图 7.2 所示。

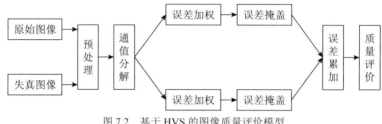

图 7.2　基于 HVS 的图像质量评价模型

客观评价都建立在数学模型的基础理论上，这样操作就会更加简便、计算更加方便快捷，并且可以随时加入到视频监控的系统中。

7.3　视频检测

7.3.1　检测算法

根据视频质量检测的基本特点，以下介绍的是以 Sobel 算子为理论基础的边缘清晰度算法。

该评价函数算法如下：

（1）使用灰度图像序列，就是首先将彩色的视频序列转换成为灰度视频序列。

（2）Sobel 算子有两个，分别为检测水平边缘 S_{hor} 和检测垂直边缘 S_{ver}。

$$S_{hor} = \begin{bmatrix} -1 & 0 & 1 \\ -2 & 0 & 2 \\ -1 & 0 & 1 \end{bmatrix}, \quad S_{ver} = \begin{bmatrix} -1 & -2 & -1 \\ 0 & 0 & 0 \\ 1 & 2 & 1 \end{bmatrix} \quad (7.36)$$

分别利用 S_{hor} 和 S_{ver} 对图像进行矩阵的滤波，得到图像水平方向和垂直方向上的边界的组成 $H(i, j)$ 和 $V(i, j)$。

（3）令 $I(i,j) = \sqrt{H^2(i,j) + V^2(i,j)}$ 边缘检测阈值参数。其中，$T=2\delta(I)$ 是矩阵 $\delta(I)$ 的标准差，阈值参数也在序列中其他图像使用。

（4）边缘对应像素灰度值突变点。在像素点 (i, j) 处取 $H(i, j)$ 和 $V(i, j)$ 较大者，就是此像素点处的最主要的边缘类型。如果在这个方向上含有局部极大值，并且边缘矩阵元素 $I(i, j)>T$，就可以保留 $I(i, j)$ 值，这样该点就成为边缘成分；反之抑制 $I(i, j)=0$。

（5）取边缘能量清晰度作为清晰度的评价方程

$$E_{\text{edge}} = \sum_{i=1}^{m}\sum_{j=1}^{n} |I(i,j)|^2 \qquad (7.37)$$

这个方程应用了阈值化和极大值点两种方式细化了图像的边缘,也降低了图像锐化噪声的问题。根据不一样的视频系统,可以调节阈值的数值,这样就能够准确地检测图像的清晰度。

7.3.2 视频图像色偏检测

在 CIE Lab 中计算得到的颜色之间的差距和实际视觉上的误差没什么区别。下列公式中使用图像的平均色彩程度 D 和色彩程度的中心间的距离 M 的比值,就是色彩偏移度 K(用来测量图像的偏移色彩的程度)。K 值越大则色彩偏移就会越多,K 值较小色彩偏移度就会越少。

K 值如下式计算得出

$$d_{\text{a}} = \frac{\sum_{i=1}^{M}\sum_{j=1}^{N} a}{MN}, \quad d_{\text{b}} = \frac{\sum_{i=1}^{M}\sum_{j=1}^{N} b}{MN}$$

$$D = \sqrt{d_{\text{a}}^2 + d_{\text{b}}^2}$$

$$M_{\text{a}} = \frac{\sum_{i=1}^{M}\sum_{j=1}^{N} (a - d_{\text{a}})^2}{MN}, \quad M_{\text{b}} = \frac{\sum_{i=1}^{M}\sum_{j=1}^{N} (a - d_{\text{b}})^2}{MN}$$

$$M = \sqrt{M_{\text{a}}^2 + M_{\text{b}}^2}$$

$$K = \frac{D}{M} \qquad (7.38)$$

上式所提到的 M、N 分别代表的是图像的宽和高,这些都以像素为单位。K 是判定图像色彩偏移度的色彩偏移度因子。图像中判断是否存在色彩偏移度的方法是:根据试验中的测试,设置色彩偏移度因子的阈值。当 $K < K_{\text{fold}}$ 时,图像就会不偏离色彩正常值;当 $K \geqslant K_{\text{fold}}$ 时,图像就不会偏离色彩正常值,通过判断 K 值的大小,可以判断,值越大,色彩偏移就会相当大,相对的色彩偏移越小。判断图像色偏的程度及色偏的颜色的方法:根据色彩程度 a 和 b 的平均值,d_{a} 和 d_{b} 之间的关系来判断图像偏向那种色,如图 7.3 所示,其判断规则如下:

(1)如果 $d_{\text{a}}/d_{\text{b}}$ 的值在区域 1,则图像偏红色。

(2)如果 $d_{\text{a}}/d_{\text{b}}$ 的值在区域 2,则图像偏黄色。

(3)如果 $d_{\text{a}}/d_{\text{b}}$ 的值在区域 3,则图像偏绿色。

(4)如果 $d_{\text{a}}/d_{\text{b}}$ 的值在区域 4,则图像偏蓝色。

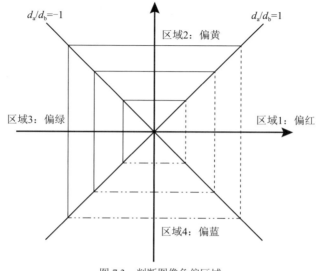

图 7.3 判断图像色偏区域

色偏因子 K 还会影响到图像中的主体色调,这就会有判断不准确的情况,所以为了能够精确地判断色偏,必须要注意到图像中主色调的影响。

7.4 视频图像矫正

为了对实际的视频传输系统进行客观测量,必须要使用计算机采集原始和重建的图像,再观察这两者计算之间的区别和求出有关的客观测量数值。因为视频实际采集到的重建图像相对于输入图像已有很多变化,所以要进行预期的校正。

7.4.1 图像对位

因为视频的传输时延和采集图像显示失真等问题都能使输出与输入图像之间错位,所以需要按照像素进行准确的对位,才能更好地计算两者之间的差值。对此要使用估计两者均方差的办法使两者可以更精确的对位。

7.4.2 增益与直流偏置校正

实际中的视频传输体系会让输出图像的增益和直流偏置发生变换,需用以下公式进行校正。

原图的亮度设为 Y_{in},重新创建图像的亮度设为 Y_{out},传输通道的亮度增益 g_y 可以定义为下式

$$g_y = \frac{stdev(Y_{out})}{stdev(Y_{in})}$$

$$= \frac{\sqrt{\frac{1}{N}\sum\sum Y_{out}^2(i,j) - [mean(Y_{out})]^2}}{\sqrt{\frac{1}{N}\sum\sum Y_{in}^2(i,j) - [mean(Y_{in})]^2}} \quad (7.39)$$

$$= \frac{\sqrt{mean(Y_{out}^2) - [mean(Y_{out})]^2}}{\sqrt{mean(Y_{in}^2) - [mean(Y_{in})]^2}}$$

其中，$mean(Y) = \frac{\sum Y}{N}$，$N$ 为一帧内总像素。传输通道的直流偏置为

$$I_y = mean(Y_{out}) - g_y mean(Y_{in}) \quad (7.40)$$

得到 g_y 和 I_y 之后就要对重建后的图像做下式的处理

$$Y'_{out} = (Y_{out} - I_y)/g_y \quad (7.41)$$

式中，Y'_{out} 为经过增益与直流偏置修正后的重建图像序列。

视频的质量分析实质就是把每一帧的图像组合起来，要先对图像进行质量分析，才能做好视频质量分析。

7.5 视频摄像机的具体效能分析

7.5.1 存在的问题

（1）夜间视频普遍存在视频转换为彩色的问题，影响清晰度，很多黑白和彩色之间不断切换。

（2）摄像机透雾能力差，只要有一点雾，视频质量就感觉很差。

（3）遇到风之后摄像机抖动，个别抖动比较严重，需要将杆固定结实或加稳定器。

（4）夜间视频低照效果差，并且日夜转换随着车灯会不停变化，经常出现误检。

综合白天与夜间的效果，相对较好的视频是如图 7.4 所示的摄像机，主要是白天清晰度与夜晚低照效果相对好一点，虽然也有上面提到的问题，但是上面问题基本每个摄像机都存在，如图 7.4 所示相对好一些。

图 7.4　相对较好的视频截图

7.5.2　摄像机的具体分析

（1）视频存在运动汽车运动不连贯，有汽车抖动感觉，可能是摄像机使用的是 COMS 图像传感器，而不是使用 CCD 图像传感器。曝光的方式不同导致 CMOS 图像传感器在采集高速物体时会出现图像倾斜或者抖动问题。并且该视频在特定时间段的曝光不是很理想，可能是曝光有点过，远处的图像泛白，左面树的轮廓不清晰。

（2）摄像机在夜晚时处于彩色模式，因为没有补光灯，所以夜晚摄像机处在彩色模式会导致视频效果较差，摄像机处在彩色模式是人为设置的还是彩转黑失败需要确认。如图 7.5 所示。

图 7.5　摄像机在夜晚处于彩色模式

（3）摄像机在夜晚时存在不能抑制强光的问题，这导致对远处过来的汽车只能看到一团大灯亮光，汽车的具体轮廓一点都看不清，强光抑制做得比较好的摄像机一般车大灯都是一个星形，能够看到汽车的轮廓，如图7.6所示。

图 7.6　摄像机无法抑制强光

（4）该摄像机在夜晚频繁出现黑白转换到彩色的问题，过一段时间恢复成黑白状态，如图7.7、图7.8所示。这可能是由于车灯照射到摄像机，摄像机对于是白天还是晚上判断错误，也说明摄像机在彩转黑方面存在问题。视频亮度判断黑白还是彩色，没有光线传感器。

图 7.7　摄像机夜间频繁黑白转彩色截图一

图 7.8　摄像机夜间频繁黑白转彩色截图二

（5）夜晚低照效果差，在光线不足的情况下，视频全是噪声，有效视频已经看不到了，只能看到一些黑白的噪声点，如图 7.9 所示。

图 7.9　夜间只有噪声的视频截图

（6）摄像机的透雾效果不理想，在轻雾的天气条件下，远处的车辆和树木基本看不清楚了，如果具备透雾功能，效果会改善很多，如图 7.10 所示。

图 7.10　没有看透功能的摄像机视频截图

（7）"鬼影"现象，如图 7.11 所示，主要问题在于夜间车的灯光会在镜头上形成反光，造成摄像机对灯光的二次成像，造成常说的"鬼影"现象，该问题主要是由于镜头或者护罩玻璃的增透效果不理想造成的。

图 7.11　视频中存在的"鬼影"现象

（8）如图 7.12 所示的时间段内，可以发现视频在上下抖动，产生抖动的原因主要是摄像机的固定杆可能固定不牢固，或者摄像机与固定杆固定不牢固，当有风或者大车经过时视频就会有抖动现象,可通过加固摄像机或者固定杆方式解决。当然,如果该摄像机具有防抖功能也能改善很多。

K227夜间均为黑白,处理较好。

图 7.12　摄像机抖动时的视频截图

（9）部分摄像机存在左上角聚焦不清晰问题,其主要原因是 Sensor 传感器或者镜头存在偏移,导致聚焦成像不一致造成。如图 7.13 所示。

图 7.13　左上角聚焦不清晰的视频截图

(10)摄像机前玻璃起雾,秋冬季遇冷容易出现此情况。密封好时加干燥剂可解决。如图7.14所示。

图 7.14　摄像机起雾的视频截图

参考文献

[1] 卢秋波,魏凯. 几种技术在视频监控中的应用[J]. 中国多媒体通信,2007,(3).
[2] 罗健. 高速公路视频监控系统中EPON技术的应用[J]. 电子技术与软件工程,2014,(14).
[3] 洪伟鹏,杨红军. 双流技术在高速公路视频监控系统中的应用研究[J]. 公路,2010,(1).
[4] 舒刚,高玉顺. 数字视频监控系统在高速公路上的应用[J]. 公路交通科技,2003,S(1).
[5] 赵宏. 浅析高速公路视频监控技术应用和发展[J]. 公路交通科技:应用技术版,2009,(2).
[6] 吕立波. 浅谈安防监控视频传输技术[J]. 中国公共安全,2009,(8).
[7] 尉自斌,谭华,李立东. 视频存储技术在高速公路视频监控存储领域的演变及发展趋势[J].2012,(5).
[8] 何红梅. 高速公路移动视频监控系统应用研究[J]. 中国交通信息产业,2008,(10).
[9] 穆战松,黄挚雄. 基于H.264的远程数字视频监控系统[J]. 计算机与数字工程,2006,(3).
[10] 陈亮,瞿辉,唐又林,等. 高速公路视频监控在iOS移动终端平台上的实现[J]. 上海船舶运输科学研究所学报,2013,(2).
[11] 李进明. 一种基于交比不变性的摄像机标定方法[D]. 江南大学,2011.
[12] 刘彦达. 高速公路智能交通监控系统的研究与开发[D]. 山东大学,2012.
[13] 张建新,谭献海. 高速公路视频监控系统[J]. 成都信息工程学院学报,2004,(1):31-35.
[14] 于海生,王宇麒,于泳生. 高速公路视频监控系统的设计[J]. 吉林交通科技,2008,(3):64-66.
[15] 刘伟. 高速公路高清视频监控的应用[J]. 中国交通信息化,2012,(3):103-106.
[16] 张建新. 高速公路视频监控系统的研究与实现[D]. 西南交通大学,2004.
[17] 李柏林. 高速公路视频监控系统应用新趋势[J]. 科技经济市场,2006,(7).
[18] 黄亮. 高清与智能在高速公路视频监控中的应用[J]. 中国公共安全,2011,(3).
[19] 桂丹. 高速公路视频监控系统及OSD的设计与实现[D]. 武汉理工大学,2010.
[20] 谢战旗. 高速公路视频监控系统研究与设计[D]. 长安大学,2005.

[21] 刘磊. 高速公路视频监控系统的信息资源共享 [J]. 中国交通信息化, 2010, (11): 95-96.

[22] 赵强. 高速公路无线视频监控技术与应用分析 [J]. 中国交通信息产业, 2010, (5): 103-106.

[23] 赵忠杰, 谢海丽. 公路隧道远程视频监控功能的实现 [J]. 公路交通科技, 2006, 23: 158-160.

[24] 李红芳, 傅宇浩. 高速公路视频监控省域联网技术方案探讨 [J]. 交通科技, 2008, (1).

[25] 宁书勋, 裴佳林. 数字视频监控系统在高速公路机电系统中的应用 [J]. 中国交通信息产业, 2007, (6): 99-101.

[26] 汤永成. 论高速公路交通监控中视频监控技术 [J]. 广东科技, 2007, (3).

[27] 刘辉. 高速公路视频监控系统联网技术的研究与实现 [J]. 科学与财富, 2014, (9): 136-137.

[28] 王海洋. 高速公路无线视频监控浅析 [J]. 中国交通信息产业, 2009, (11).

[29] 胡赟晖, 周雪燕. 高速公路视频监控系统 [J]. 中国交通信息化, 2006, (6): 29-32.

[30] 佚名. 高速公路视频监控传输解决方案 [J]. 中国安防, 2005: 10-15.

[31] 赵建东. 高速公路视频监控市场概述 [J]. 中国交通信息化, 2010, (12): 134-137.

[32] 马杨. 新学期开始——高速公路视频监控进入新阶段 [J]. 中国交通信息化, 2013, (9).

[33] 苗地. 浅谈高速公路视频监控的发展 [J]. 科技创新与应用, 2013, (25): 76-76.

[34] 张文杰. 青海高速公路视频监控的发展与探讨 [J]. 中国交通信息产业, 2008, (6): 99-100.

[35] 屈立成, 王俊, 段玲, 等. 高速公路视频联网监控平台的研究与设计 [J]. 现代电子技术, 2011, (10): 51-54.

[36] 张文斌. 高速公路视频监控融合联网解决方案 [J]. 中国交通信息化, 2013, (6): 96-100.

[37] 范敏贤. 佛开高速公路视频监控系统改造方案的设计与实现 [D]. 华南理工大学, 2010.

[38] 李兆国. 基于层次分析法的高速公路视频监控系统架构优选方法研究 [D]. 长安大学, 2013.

[39] 姜晓旭, 郝炳莉. 工业以太网交换机在高速公路视频监控中的应用 [J]. 中国交通信息化, 2013, (7): 124-126.

[40] 董延颖. 高速公路视频监控设施太阳能供电系统应用及研究 [D]. 长安大学, 2013.

[41] 蔡兆强, 李佑钢. 青海干线公路视频监控系统设计研究 [J]. 科技信息, 2011, (18).

[42] 王树林, 高俊林. 内蒙古高速公路视频监控互编互解及统一平台建设 [J]. 中国交通信息化, 2013, (7): 92-93.

[43] P.N. Tudor. MPEG-2 VIDEO COMPRESSIN.IEEE Langham Thompson Prize. Electronics & Communication Engneering Journal, December 1995: 165-169.

[44] R Dugad, N Ahuja. A Fast Scheme for Image size in Compressed Domain [J]. IEEE Trans on circuits and systems for Video Tech.2001.11(4): 461-474.

[45] ISO/IECJTCI/SC29/WG11 Document B3908, MPEG-4 Video Verification Model Version 18.0[S].2001: 121-132.

[46] ISO/IECJTCI/SC29/WG11.N2323.Overview of the MPEG-4 Standard [S]. Dublin, Ireland, 1998: 56-67.

[47] Draft ITU-T Recommendation H.263[S].Video Coding for Low Bir Rate Communication, 1995: 30-40.